汉·译·管·理·学·世·界·名·著·丛·书

How To Be Better at Managing People

Alan Barker

如何更好地管理人

[英] 艾伦·巴克 著

徐海鸥 译

经济管理出版社
ECONOMY & MANAGEMENT PUBLISHING HOUSE

北京市版权局著作权合同登记：图字：01—2002—4928号

图书在版编目（CIP）数据

如何更好地管理人/（英）巴克著；徐海鸥译. —北京：经济管理出版社，2011.5
ISBN 978-7-5096-1490-7

Ⅰ.①如… Ⅱ.①巴… ②徐… Ⅲ.①领导学②管理学 Ⅳ.①C93

中国版本图书馆CIP数据核字(2011)第099187号

出版发行：经济管理出版社
北京市海淀区北蜂窝8号中雅大厦11层
电话：(010)51915602　邮编：100038

印刷：三河市海波印务有限公司	经销：新华书店
责任编辑：顾　佳	技术编辑：晓　成
责任校对：晓　泉	
880mm×1230mm/32	9.375印张　139千字
2011年8月第2版	2011年8月第1次印刷

定价：25.00元
书号：ISBN 978-7-5096-1490-7

·版权所有　翻印必究·

凡购本社图书，如有印装错误，由本社读者服务部
负责调换。联系地址：北京阜外月坛北小街2号
电话：(010)68022974　邮编：100836

导　言

　　管理是通过他人获得结果。在我看来，低劣的经理似乎——冒险做一个荒诞的推论——可以分成两组：一部分人在使人蒙受损失的情况下关注于结果，而另一部分人则在使人蒙受损失的情况下关心人。优秀的管理能够同时关注这二者。

　　身为一个经理，你如何管理他人将会决定你能否成功。而管理的这一核心功能经常被两种人所忽视：那些为管理著书立说的人，以及那些声称是经理的人。出现这种并非本意的结果，也许部分是因为对人进行管理被视为非常困难——非常含糊不清和复杂。许多人是在他们的技术专业的基础上被提升到管理人的职位上的。这些具有一技之长的专家被提升从事管理工作后不久便发现，管理与技术专业知识的应用完全不能同日而语。管理极容易与技术说明相冲突。从事管理的人不是一个具有专门知识的专家，相反，他应该是一个多面手。它要求管

如何更好地管理人

理者具有宽广的视野和强烈的直觉要素。

本书的宗旨是帮助你管理好由你直接承担管理责任的人。作为一个经理，你具有在多个方向上对被管理人员有必须承担的责任（特别是五类责任，我们将在后面论述它）。本书的论述主要针对向下的管理，但是，由于我们中许多人现在正管理着项目，而这进一步加大了管理的复杂性。因此，我专门辟出一章论述如何管理项目团队，并以此结束本书。

我在书中假定你不完全是一个管理方面的新手。你已经对一个或更多的人负责，你已经这样做了，而且你还希望把它做得更好。你需要自我询问如下问题：

- □ 当我进行管理的时候，我要做什么？
- □ 我理解我自己和他人吗？
- □ 我如何帮助人们学习和发展？
- □ 创造出良好的或拙劣的人际关系的东西是什么？
- □ 我如何影响我的团队？
- □ 我如何解决冲突？
- □ 没有文字的沟通是什么？

导 言

- □ 使会议卓有成效的是什么？
- □ 我如何才能影响我的团队业绩？
- □ 我如何帮助人们管理变化？
- □ 如何帮助人们更好地开展工作？

　　人是难以解读的。他们总是会混淆我们的期待，他们经常这样做。人不能够被贴上某种标签，或者被赋予某种定义。人是不可预知的。综上所述，我相信，人都具有希望做好工作的良好愿望！他们希望做出贡献！身为他们的经理，你的任务是帮助他们实现贡献的最大化。

　　我已经为本书制定了一个计划，它如同一次外出远足。而你也希望此时此地就开始改善管理业绩。因此，我从管理的最直接有效的工具开始论述：交谈。然后，我把交谈置于我所知道的最有用的管理工作模式中。以行动为中心的领导为你勾画出一幅你对人进行管理的责任的图景，它们表现在三个领域里：完成工作；发展个体的人；构建你的团队。我分别用一个章节的篇幅对这些领域进行介绍。我还以一个独立的章阐述了对特定的管理项目的思考。

　　我希望这本书能够成为一条通往学习和发展你

的技能的其他途径的道路。在最后部分,我对进一步发展问题提出了一些建议。

总而言之,我运用一些模式帮助你加深你的理解。模式使事实简单化;良好的模式大有裨益地使事实简单化。它在最激烈的地方施展身手:当生活变得复杂起来的时候,当人们的行动变得不可预见的时候,当交谈变得兴奋起来的时候,我们需要模式帮助我们更清楚地观察,更理性地行动。本书中的模式帮助过我,我希望它们也能帮助你!

目 录

1 **通过对话进行管理** …………………………… 1
  对话为什么会出错？ …………………………… 3
  对抗性对话 ………………………………………… 8
  什么是对话？ ……………………………………… 13
  改善你的聆听技能 ……………………………… 17
  巧妙对话的模式 ………………………………… 26
  WASP：欢迎—获得—提供—总结 ………… 27

2 **对人的管理模式** ……………………………… 39
  你的管理风格是什么？ ………………………… 41
  关于工作中人的理论 …………………………… 44
  以行动为中心的领导模式 ……………………… 60

3 **管理你自己** …………………………………… 69

如何更好地管理人

五路管理 …………………………… 70
定义你的贡献 ……………………… 72
你自己的发展 ……………………… 78
为管理花时间 ……………………… 79
处理压力 …………………………… 85

4 管理工作 ………………………… 89
定义工作 …………………………… 90
工作描述 …………………………… 95
建立目标 …………………………… 96
能力 ………………………………… 107
回顾业绩 …………………………… 112
操作评估 …………………………… 129

5 发展员工 ………………………… 147
为什么要发展员工? ……………… 148
如何评估人的潜力 ………………… 150
发展进程 …………………………… 151
分配 ………………………………… 155
培训 ………………………………… 163
训练 ………………………………… 172
咨询辅导 …………………………… 186

目 录

6 管理团队 …………………………………… 199
 为什么需要团队联合作业？ …………………… 203
 团队是如何运作的？ …………………………… 207
 定义团队 ………………………………………… 223
 自主的团队工作 ………………………………… 234
 团队对话 ………………………………………… 237
 团队会议 ………………………………………… 243
 构建你的团队 …………………………………… 253

7 管理项目 …………………………………… 263
 什么是项目？ …………………………………… 264
 项目之窗 ………………………………………… 269
 项目领导 ………………………………………… 274
 项目的生命周期 ………………………………… 279
 项目团队 ………………………………………… 284
 结束语 …………………………………………… 289

1 通过对话进行管理

让我们从你所处的位置开始。你管理着许多人，他们是"你的"人。他们也许组成了一个团队，也许还没有组织成一个团队。你对他们负有责任，他们向你负责。

管理就是通过他人获得结果。这一原则意味着你是通过对话实现这一点的。不管你采用的是什么程序或系统，处在你的管理角色的核心部位的是对话。你保持建设性对话的能力，将决定你是否能够良好地：

- ☐ 交流目标；
- ☐ 获得承诺；
- ☐ 解决问题；
- ☐ 回顾进程。

如何更好地管理人

普通的管理问题

　　思考你在管理人的时候需要实现的最普通的结果。也许有一些你感到自己正面对挑战的特定领域——你发现特别困难，或者你根本无法面对的特定的管理情景。在经理中，最经常被提到的一些问题包括：

- ☐ 如何管理冲突；
- ☐ 如何说服人们去做你希望做的事情；
- ☐ 如何让人们去做他们同意做的事情；
- ☐ 如何更有效地谈判；
- ☐ 如何更强硬但不会使人不快；
- ☐ 如何说服和影响；
- ☐ 如何使人们合作；
- ☐ 如何使人们更有效地解决问题；
- ☐ 如何使人们思考他们的工作怎样做才能更有创造性；

1 通过对话进行管理

> □如何在为人们制定工作计划时，让他们更多地参与。
>
> 所有这些情景都可以通过对话得到管理。

所有的管理对话都寻求结果。结果也许是对问题更加清晰的观点和认识，是二选一之中的选择，是采取特定行动路线的决定。你对结果是什么的定义就存在于你的对话中，帮助你的团队获得它们，对他们的业绩给出反馈。

管理就是对话。如果你希望更好地管理人，开始的第一步是改善你的管理对话。

对话为什么会出错？

我们来全面思考一下我们在工作中的对话为什么没有达到预期的原因。要找出它们为什么出错的原因有的时候并非易事，因为对话是如此敏感和微

如何更**好地**管理人

妙，受到太多因素的影响。我们中很少有人曾经接受过有效的对话艺术方面的培训。对话是生活的一项技能——如同生活中的许多技能一样——是我们通常被期待在前进中能够掌握的一种技能。

也许关键的问题是对话是"快速进行"的。当我们正在进行对话的时候，要想同时分析我们如何管理对话是非常困难的——不管我们原来设计的改善它们的方式是什么。在对话过程中，为了消除一个错误，可能使我们的对话在数秒钟时间里"俯冲"进另一个更为致命的错误中。

让我们先来说明对话失败的一些更普通的原因，这样我们也许能够认识到在我们的一些对话中的错误。更广泛地说，我们也许可以把这些原因分别冠以三个名称：

□对话的背景；
□缺少的技能；
□错误的假设。

1 通过对话进行管理

对话的背景

许多对话之所以失败,是因为环境不适当。例如:

- □ 缺乏充足的时间;
- □ 错误的时间;
- □ 不舒适的场地;
- □ 缺乏保密性。

问题也许可以非常简单地归结为这样的对话似乎根本没有发生。对经理们发出的最常见的抱怨之一是,他们的"心"不在谈话现场。"我从来没有看见他";"她对我做的事情没有意见";"他一味地拒绝聆听"。

缺少的技能

每一次对话都包括特定的动作、习惯和风格,我们不假思索地运用这些东西。通常,它们使对话更容易进行。如果缺乏它们,对话就可能变得低效

如何更好地管理人

或受到限制。缺乏的技能包括：

- 没有做好准备就开始对话；
- 没有聆听；
- 把事情放在肚子里不说出来；
- 附和而不是直接地说出事情；
- 只是笼统地说个概要，而不说明特定的细节；
- 对话一边倒；
- 缺乏足够的事实，却试图提出观点；
- 缺乏总结；
- 拒绝承认对方所说的东西；
- 没有进行总结，或对一问题达成认同就结束对话。

一些错误的假设

所有对话从假设开始。如果我们不把假设当做一个问题来认真对待，误解和冲突就可能迅速出现。例如，我们可能假设：

- 我们双方都知道彼此要谈论的事情；

1 通过对话进行管理

- 我们需要认同；
- 我们知道对方对这一情景的观点如何；
- 我们不应当表现出我们的感情；
- 对方无论如何应当因这一问题受到责备；
- 我们都是非常诚实的；
- 我们需要解决他人的问题；
- 我们是正确的，而他们是错误的。

在这些假设之下，也许隐藏着更深的东西：关于问题的性质，关于我们所面对的事物的种类，关于我们作为经理的角色的精神模式。我们对这些藏身于我们对话之后的模式思考得越多，出现的问题似乎就越多！

对话经常会在这种精神模式之间的冲突中崩溃。在冲突的对话中，我们不是为了达成一个有用的、建设性的成果，而是试图运用我们自己的精神模式去迫使他人屈服。这是"对抗性对话"，它是对话之所以出错的最重要的原因之一。

如何更好地管理人

对抗性对话

对抗性对话等于在竞争的精神模式之间展开一场拳击比赛。

任何对话都是谈话和聆听的动态形式。然而,我们中大多数人表现出来的却是更优秀的说话者,更糟糕的聆听者。在过去的学校生活里,我们受到了就我们的观点进行表达、解释和争论的技术方面的培训。我们被告知争论的精髓是:拥有一个立场,坚持它,为它辩护,使其他人信服它的价值,攻击任何威胁我们的立场的立场。

为了试图把一些秩序强加进这种冲突中,我们创造了"辩论"(源于拉丁文,意为"打倒")。在管理中形成了大量争论的精髓。那些坚持为自己的观点辩护,千方百计抵挡其他人冲击的经理,往往会获得职位,也许因为他们的"强硬性格"而得到了提升。他们成为公司的英雄,成为神话的素材。这一现象所包含的意义是,争论是管理对话中最好的类型——也许是惟一值得为之努力的类型。

1 通过对话进行管理

争论是强硬意见之间的冲突。根据争论的惯例，如果你能够成功地羞辱任何持相反意见的人，你的意见一定能被证明是正确的。你甚至不必证明其他人的意见或观点是错误的，只需要嘲笑、奚落、羞辱表达自己观点的那个人，你也许就能影响其他人，使他们接受你的观点。作为一种达成一个有意义的决定的手段，争论的方式无疑是一种限制性技术；不幸的是，在现实中，我们却把争论作为一种"惟一正确"的对话结构来使用。

意见是趋于冷静成熟的观点。它们是我们对应当是真实的那些东西的判断，而不是在特定结构里的真实东西的结论。我们发表的意见中可能包括如下内容：

□ 故事（关于发生了什么，可能已经发生了什么，为什么会发生）；
□ 说明和解释（一些事情为什么会出错？我们为什么会失败）；
□ 为我们做过的事情辩护；
□ 闲话（也许诋毁他人会使我们感到更好过）；
□ 概括（使我们逃避思维的烦恼）；
□ 犯错（建立压服他人的力量）。

如何更好地管理人

我们经常对事实产生错误的意见。无论何时你听见一个人说一件事情是"千真万确的事实",你都能肯定地认为,他们只不过在声明他们自己的意见而已。

在对抗性对话中无法抵抗的问题是,它阻止事实的出现。意见的碰撞和冲突实际地阻止了我们去探究和发现观点。对话的质量迅速地恶化:人们都忙于为自己辩护,他们过于惊恐,被你来我往的口舌之争搞得精疲力竭,以至于根本无法去把事情做好。

对抗性对话倾向于发展四种主要的思维方式:

□ 批评的思维;
□ 自我的思维;
□ 强硬的思维;
□ 政治的思维。

在你进行的对话中找出这些思维方式。如果你能在它们出现时认识到它们,你就可以确定你的对话已经是对抗性的了。

1 通过对话进行管理

批评的思维

对我们大多数人而言，思考任何事情时都会自动地去寻找其中错误的东西。随便询问我们中的任何一个人，我们就会发现，在对某件事情进行思考时，我们更可能提出怀疑性的批评，而不是述说我们喜欢它的原因。

隐藏在批评的思维方式后面的理性是，通过寻找某一个观点中的错误和缺陷，我们可以加强它。但是，我们极少以这种方式进行批评，取而代之的是，我们把它作为一种我们个人可以控制的批评方式或拒绝方式。

自我的思维

在对抗性对话中，我们会迅速地把我们与我们的观点视为一体。理由受到情绪的影响；争论成为争强好胜的武器。我们经常会发现自己在起劲地为我们可能并非感觉完全正确的观点辩护，因为为自己的观点辩护，意味着为我们自己辩护。

如何更好地管理人

强硬的思维

所有的对话开始于假设。对抗性对话只不过在加强各自的假设,通过对对方的假设进行相互指责。交谈的特别形式迫使我们更加强硬地维护自己的假设。强硬的思维通常带来如下结果:

- ☐ 习惯(我们在这里的行事方式就是这样);
- ☐ 习性(我们一直使用这种方式行事);
- ☐ 任性的无知(这样的思维使我们可以逃避以其他方式思维的烦恼)。

政治的思维

当观点被视为与提出观点的人为一个整体时,对话就会变成组成同盟的方式和毁灭力量的基础。我们开始运用对话的开局、策略和手法,政治性地发挥对自己有利的观点。

对抗性对话能使自身永久存在。它们是循环的,能够轻松地不断提高。对我们的观点的攻击会导致

1 通过对话进行管理

我们的痛感；我们也许会做出和颜悦色的反应，以便尽量延迟冲突的到来。这时我们受困于争论和反争论的"冷战"状态中，采取"游击战策略"或"抢占先手的攻击"。我们可能感到这样的对话是非建设性的和不愉快的，但是，我们感到自己除了针锋相对地对抗，别无选择。我们不知道如何去做，我们也许太惊恐了，以至于连尝试一下都不敢。

因此，对话会由于许多原因出错，例如，错误的背景、缺乏技能、我们所说的事情后面隐藏的非挑战性假设，所有上述这些因素都具有使管理中的对话成为对抗性的倾向。如果这样的对话得以正确地进行，那也许是因为它的运气更好，而不是良好的判断所致。然而，对人进行管理，意味着我们能够与那些我们平常谈不来的人进行建设性对话。我们需要具备管理对话的能力。

什么是对话？

交谈是创造共享的理解的工具。这种观点被非常好地浓缩为今天非常流行的一个词——"对话"。

如何更好地管理人

在对话中,我们通过交谈构建一个全新的、共享的意义(这个词源于希腊文,它的意思是"意义贯穿")。它表明了这样一种理想,所有的对话都应当指向这样一个目标:以形成一个共享的理解作为进行对话的结果。

对话很像口语的舞蹈。"对话"一词源于拉丁语的"一道来回行走"。如同任何舞蹈,对话具有规则和活动标准。这些规则和标准允许人们一道更协调地移动,不会互相踩着对方的脚趾头,或者乱了舞步。不同类型的对话具有不同的规则。一些是易于理解的,另一些——例如,演说或会议发言——必须在细节上说得很清楚,并进行预演。

对话是谈话和聆听的动态形式。我们习惯于把对话视为人们互相之间进行谈话;它们实际上还应当是互相之间进行的聆听。没有聆听,就不存在对话。说和听这两种行为极少依次发生;它们总是同时发生的。在整个对话过程中,对话中的每一个参与者都是说话者和聆听者。

对话的质量更多地取决于聆听的质量,而不是说话的质量。聆听是我们发现对方的立场是什么、他们的意思是什么,以及他们如何思考的途径。聆听表明了我们如何在对话中移动舞步。通过聆听,我们找到

1 通过对话进行管理

我们一直在寻找的共同的立场和共享的理解。

聆听不仅仅大于说,而且大于听见。聆听者通过自己的聆听方式控制说话人的行为:通过保持目光的接触,通过他们的身体姿势,通过摇头或点头,通过注意力的表现,等等。同样,我们无论在什么时间说话,都在证明我们聆听他人说话时的质量。如果我们发表一通与其他人的话题毫不相干的评论,他们就会立刻置疑我们刚才是否认真仔细地聆听了他们的话。如果我们插嘴打断他们,我们表现出来的意思是我们不想再聆听。如果我们希望改善我们的对话,一个重要的地方就是我们的聆听技能。

平衡辩护和询问

《第五项修炼》的作者皮特·森杰运用辩护和询问这两个词汇来描述谈话和聆听。谈话主要是工具,通过它,我们对自己的观点、意见以及思想进行辩护。聆听是探究他人的观点、意见和思想的过程。

如何更好地管理人

对抗性对话是纯粹的辩护。我们中每一个人都为我们自己的观点辩护，尽管表面上是适度的和平静的，但实际上我们会变得越来越坚持自己的立场。缺乏询问的辩护会逐渐增加冲突。你可以在每天发生的日常事物中看见这种情况。它会使你耗尽精力，越来越虚弱。它成了经理们赖以操作的文化环境的一部分。它会使经理们感到心烦意乱，避免再进行任何对话，躲到他们的办公室里闭门不出——如果他们足够幸运拥有单独的办公室的话。

但是，纯粹询问式的对话同样不能令人满意。如果我们把所有的精力都集中在聆听他人说话上，我们就要冒得到不明确结果的风险——或者完全没有结果。事实上，一些经理很好地运用这些询问技能——聆听、提出问题，以及一直寻找对方的观点——作为避免做出困难决定的途径。

最好的对话能够在辩护和询问中取得平衡。它们是谈话和聆听、表达观点和询问问题的有效组合。

1 通过对话进行管理

改善你的聆听技能

我们都知道低劣聆听的症状。我们是如此熟悉它们,以至于我们期望改善它们,甚至开发适应它们的策略。低劣的聆听包括:

- ☐ 直率地声讨某种观点;
- ☐ 批评说话人的表达方式;
- ☐ 仅仅对他人说过的东西中的一部分做出回答;
- ☐ 插话;
- ☐ 做白日梦,心不在焉;
- ☐ 做出分心的回答;
- ☐ 同时与另一个人进行交谈;
- ☐ 逃避问题;
- ☐ 使用情绪化语言;
- ☐ 打瞌睡。

如何更好地管理人

与之相反，当我们受到激励时，我们完全可以做到良好地聆听。例如，我们也许：

- □ 喜欢或钦佩说话者；
- □ 希望他们说出更好的东西；
- □ 认为他们有一些有趣的事情要说；
- □ 期待从仔细聆听中得到回报；
- □ 知道我们将被要求发表意见；
- □ 具有难以抑制的聆听需要；
- □ 知道有效的聆听能使我们成为更好的经理。

对每一个参与者而言，所有的对话都由两个对话组成：人与人之间的外部对话，以及在我们大脑里进行的内部对话。我们必须同时仔细地聆听这二者，并把这二者记录下来。危险在于，内部对话很可能遮挡外部对话。

下一次在你进行对话时，注意聆听你的内部对话。它会告诉你一些什么东西呢？你也许会发现你的内心世界的对话正在：

- □ 设计回答问题的答案；
- □ 开发解决问题的方法；

1 通过对话进行管理

☐ 预备你后面要发表的评论；
☐ 判断说话人所说的东西；
☐ 集中于他们前面已经说过的某个内容；
☐ 把他们的观点与你的观点进行比较；
☐ 计划如何获胜；
☐ 思考退却路线；
☐ 庆幸自己比说话的人更聪明；
☐ 怀疑一些事情完全不同。

这些要素中的一部分显然具有潜在的帮助性，另一些则没有。管理内心世界的对话将有助于你更积极地聆听外部对话：聆听他人正在说的内容，聆听他们没有说的东西，聆听他们正在说话的方式，以及他们的意见中的差距。你可以通过下列方式管理你的内心世界的对话：

☐ 对你的"内心"评论予以注意，以便你能把它们放在一边；
☐ 使你的内部对话发出声来，把它们带进外部对话中；
☐ 在你说话以前暂时停下来，聆听内部对话。

如何更好地管理人

有效聆听的10条戒律

1. 停止说话。你在说话的过程中不可能聆听。

2. 明白无误地表现出你的兴趣。保持目光接触，允许说话人与你进行目光交流，身体前倾，点头表示你在理解，询问问题，做笔记，但是，不要信手涂鸦、摇晃身体、无意识地乱动，或四处张望。

3. 不要插话。尝试不要制止说话人表达意思。

4. 把自己置于说话人的立场上。问问自己，他们对这一情景的感觉是什么？对你的感觉是什么？

5. 聆听你的直觉。说话人的眼睛、身体，他们的姿势和手势里可能在诉求什么东西？尝试你正在仔细询问的直觉。

6. 聆听触发因素。把你希望在今后运用的观点记下来，聆听你能探究和尝试的有色彩的想象和感情语言。

7. 鼓励。避免不同意和批评，让说话人感到轻松自如。

8. 检查你的理解。绝不要假设自己知道说话人的意思，用你自己的语言改述他们说过的话。

1 通过对话进行管理

9. 询问"这个观点的可取之处是什么?"接受和构建对话,为此做出贡献。培养"是的,不过……"的表达方式,而不是"不,但是……"的表达方式。

10. 停止谈话。这是首要也是最后的戒律:其他所有戒律均建立在这个基础上。

运用询问

在改善交谈质量上,询问的贡献要比任何其他类型的述说更大。运用一个完整的询问技能,可以使你获得大量的信息。

□封闭的询问仅仅能得到"是"或"不"的回答。它们对确定事实,对明晰细节,对消除含混不清非常有用。它们还有助于避免对话变成毫无目的的漫谈。

□开放的询问不能得到"是"或"不"的回答。它们适用于展开交谈或关注特定的细节,它们有助于你形成观点。开放的问题可以从六个单词中的一个开始,这六个单词被我们称为六个"何",即为何、何人、何物、如何、何处、何时。在进行

如何更**好地**管理人

对话前，记录下一些开放式的询问，对我们会有所帮助。

☐ 特定的询问寻求特定的细节。它们通过对一个观点提出必需的有力证据，迫使说话人紧紧地扣住主题。

☐ 反问式询问提请说话人注意。它以一种友好的方式把问题回掷给说话人。例如，"你的意思是……"，"你对自己刚才说的话是如何看待的?"

推论的梯子

克里斯·阿格利斯建立了一个强有力的模式，它可以帮助我们在对话中更有效地运用询问。阿格利斯把我们对话中的思维方式描绘为一个梯子。在梯子的最下部是观察；在它的最顶部是行动。

☐ 从观察中，借助经过挑选的数据（我们选择进行研究的东西），我们进入了第一个梯子的第一格。

☐ 在第二格上，我们从自己的相同数据的经验中推断出意义。

☐ 在第三格上，我们把那些意义概括进假设中。

1 通过对话进行管理

□ 在第四格上,我们从那些假设中构建精神模式(或者信念)。

□ 我们在自己的精神模式的基础上开始行动。

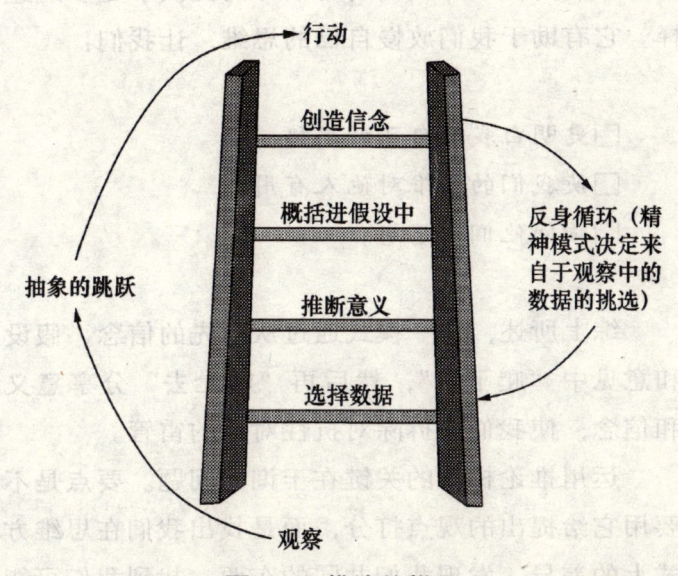

图1.1 推论的梯子

无论我们何时进行对话,我们都围绕着这个梯子上下移动。向上行进要比向下行进好得多。事实上,我们能够在数秒钟的时间里跳跃所有的梯格。这些"抽象的跳跃"让我们更快地行动,但是,它们也会限制对话的进程。即使更焦虑,我们的精神

如何更好地管理人

模式也将帮助我们从未来观察中挑选数据,进一步地限制对话的范围。这是一个"反身循环",你可以把它称为精神状态。

推论的梯子为我们的对话方向提供了更多的选择。它有助于我们放慢自己的思维,让我们:

- □ 更明白我们自己的思想;
- □ 使我们的思维对他人有用;
- □ 询问他们的思想。

综上所述,这一模式通过从原先的信念、假设和意见中"爬下来",然后再"爬上去"分享意义和信念,使我们能拆除对抗性对话的雷管。

运用推论梯子的关键在于询问问题。要点是不要用它给提出的观点打分,而是找出我们在思维方式上的差异,发现我们共同的东西,找到我们可能达成共享的理解。下面是一些例子:

- □ 你所说的内容里面的基本数据是什么?
- □ 我们都同意这些数据吗?
- □ 我们都同意他们的意思吗?
- □ 你能让我们明白你的理由吗?

1 通过对话进行管理

☐ 当你说（在你所说的内容里）……时，你的意思是（我对它的复述是）？

如果一个人提出了一个行动计划，另一个人就可能通过询问下列问题从梯子上"爬下来"：

☐ 你为什么认为它可能有效？是什么使它成为一个好计划？
☐ 你认为你可能做出的假设是什么？你是否认为……
☐ 它将如何发挥影响？它的意思是否是……
☐ 你能否为我举一个例子？是什么导致你特别关注它？

甚至更有力的是，推论梯子能有助于提供我们自己的思想给他人检查。如果我们提出一项行动计划，我们会询问他们：

☐ 你是否在我的思维中看见了什么缺陷？
☐ 你是否从不同方面观察到了这些素材？
☐ 你如何把这些素材放在一起？
☐ 它是否在不同环境里被视为不同的东西？

如何更**好地**管理人

- □ 我的假设有效吗？
- □ 我是否遗漏了什么？

这一模式的巧妙之处在于，你不需要经过特殊培训去学习如何运用它，对话中的其他参与者也不需要。你可以立刻运用它，并把它作为对话中的一个实际途径。它还可能成为一个有力的团队工具。作为一个管人的经理，它对你的对话质量具有强有力的效果。

巧妙对话的模式

为了干预我们的对话、改变它们的方向，推论梯子为我们提供了一个有用的模式。在我们作为一个经理需要拥有一个模式来把握的整个对话结构方面，它也许能提供帮助。一个简单的框架将有助于我们提高对话的成效，使它更加具有建设性。作为一个经理，请记住你的对话具有两个基本的特征，这一点非常重要，这两个特征是：

1 通过对话进行管理

对话是有目标导向性的

对话不是漫无边际地闲聊。你正在进行的对话肯定有一定的原因和理由。它应当获得结果,尽管也许不是你在开始对话时所预料的那样的结果。

你掌控对话

你是经理,对话是在管理的人际关系背景中发生的。当然,也许并没有要求你来负责对话。控制对话,并不意味着你来规定它的进程或结果。掌控的真实含义是,由你来引导对话:明确你对为什么要进行对话、你倾向于如何引导它、它将进行多长时间、你希望取得的结果的理解。

WASP:欢迎—获得—提供—总结

在我刚刚担任经理的时候,有人向我推荐了一个关于对话的简单四步模式,我一直没有忘记它。我今天依然运用它来帮助我对自己的对话进行检查,确保它们能获得卓有成效的结果。这就是 WASP 方法。

1. 欢迎(Welcome)。在第一步骤里,你做好

如何更好地管理人

准备，使你自己和对方都进入角色。陈述你的目标，找出你们双方都知道的信息。

2．获得（Acquire）。对你而言，第二步是聆听阶段。在这里，你集中精力从对方那里获得知识，而不是给予他们信息。对话的第二阶段的主要特征是询问：寻找更多；明晰；在图景里加进细节；检查你对自己听到信息的理解。

3．提供（Supply）。现在，在第三步骤上，你要总结自己已经聆听到的信息，表达出你必须提供的信息。这包括对方可能不知道的信息，同时对他们刚才告诉你的信息进行说明和解释。在对话的这一阶段，最重要的是，使自己牢牢地保持你开始时建立的目标。

4．总结（Part）。最后，你说出你同意的一切。综上所述，你清晰地陈述对话的结果：从交谈中得出行动。这一阶段的要点是，你们清楚地认同下一步将会发生，要采取什么行动？谁来完成它？谁来检查它的完成过程？

WASP模式已经被采用多年。它得到了实践的检验，它是有效的，它是简单和易于记取的。这一模式的关键特征是，在你说话以前，鼓励自己聆听。这样做，能够使对方向你提供他们认为非常重

1 通过对话进行管理

要的信息;它让你更清楚地理解他们的观点。反过来,它使你能更有效地控制对话。

事实上,我们在本书其他章节里讨论的每一种干预方法,都建立在这一简单模式的基础上。从在走廊上进行的即席交谈,到会见活动中最正式的会谈,WASP 都给予你一个确保对话不偏离轨道和获得实际结果的简单框架。

对话的四种类型

我们也许可以使这简单的四步模式更加精致。在这种成熟的模式中,我们为四种情况进行对话,它们是:

- □ 人际关系;
- □ 可能性;
- □ 机会;
- □ 行动。

这四种对话也许形成了一个单一的、更大的对话;它们也许还会在一个过程或项目的不同阶段里单独发生。

如何更好地管理人

为人际关系进行对话

这是"欢迎"式对话。无论你希望与你管理的人一道实现的目标是什么,它们都由你与他们的人际关系决定。人际关系的条件,决定你能够与他们互相述说和询问的内容;人际关系的界限,将限制你能够承诺的行动。

回想你第一次在公开场合与某个人见面的情景:最初的几分钟是人际关系对话的一个清楚的例子。为管理人际关系的对话,超出了社交惯例和发现共同兴趣的范围。它们创造出你需要实现自己目标的人际关系。它们规定了人际关系的条件。

这一对话需要发生在任何管理人际关系的起点;它可能需要重复进行,因为人际关系的条件可能很快会变得模糊不清或者被忘却,通常需要在一个个任务的基础上明晰责任范围和权力范围。因此,这是一种你可能需要经常进行的对话。

有时,为人际关系进行对话是暂时性的、难以进行的。其结果是,我们经常匆忙草率地进行,或者假装它们不会发生。

为可能性进行对话

这与"获得阶段"相同。为可能性进行对话是一种探究活动。它寻求发现观察事物、做出区别而不对它们进行判断的新途径。它是询问式对话。

> **为人际关系进行对话：关键的问题**
>
> - 你的权限范围是什么？
> - 我们所处的位置是什么？
> - 我们如何与手头的问题保持联系？
> - 使我们连系在一起的是什么？
> - 我们如何看待事物的？
> - 相同之处和不同之处在哪里？
> - 你是否知道我不了解的事情？
> - 我是否知道你需要知道的事情？
> - 我们如何很好地互相理解？
> - 我们是否能在这件事情上取得一致？

为可能性进行对话不是为了决定是否做某件事情，或者做什么。它是为了获得新信息、尽可能多地产生观点。它是一个微妙的对话，部分地因为可

如何更**好地**管理人

能性总是模糊不清，部分地因为我们彼此可能都感到对方在对我们进行判断。

> ## 为可能性进行对话：关键的问题
>
> - ☐ 是什么问题？
> - ☐ 我们尝试做什么？
> - ☐ 真正的问题是什么？
> - ☐ 我们真正需要尝试做的是什么？
> - ☐ 这是一个问题吗？
> - ☐ 我们如何从不同的角度来观察它？
> - ☐ 我们能够以不同方式解释它吗？
> - ☐ 我们如何做到这一点？
> - ☐ 在他人的眼里，它看上去什么样？
> - ☐ 是什么使它与上一次不同？
> - ☐ 我们以前是否做过这样的事情？
> - ☐ 我们能使它更简单一些吗？
> - ☐ 我们能更进一步地观察它吗？
> - ☐ 它像什么？
> - ☐ 它感觉或看上去是什么样的？

1 通过对话进行管理

因为你控制对话，所以，你必须小心翼翼地管理好它。你必须非常清楚，现在不是做出决定的时候。鼓励对方为你提供观点，向他们保证你不会把他们提供的任何东西占为己有。当心不要进行判断和批评。对对方所说的信息提出挑战并进行探究。运用推论梯子。特别是小心地管理这种对话形式中的情绪。这是一个容易被人们忽视的要点，因为人们的感情最可能在对话中出现波动。认识这些感情，寻找支持它们的蛛丝马迹。

为机会进行对话

它与"欢迎—获得—提供—总结（WASP）"中的"提供部分"相一致。为机会进行对话，被设计为制定出你可能采取的行动的内容。它是关于制定计划的对话的基础。从可能性到机会的桥梁是"测量"。为了抓住机会，你必然对建立目标和辨别障碍感兴趣。

这是这样一种对话，在对话中，你供应更多的获得物。然后你可能知道更多关于行动的机会，而不是你管理的人。进行这样的对话，是为了选择要做的事情。评估你需要实现的东西：资源、时间、支持、技能，等等。通过对所有可能性进行排列分类，你可以在更早的时候就进行探究，找到切实可

如何更好地管理人

行的措施。在这里,应当心,不要因为采用了限制性的机会观点而扼杀任何可能性。由于限制性,人们经常不能实现自己渴望的目标。

为机会进行对话:关键的询问

☐ 我们能在哪里开始行动?
☐ 我们能做什么?
☐ 哪种可能性是我们渴望的?
☐ 哪种可能性是切实可行的?
☐ 我们为自己设定的目标是什么?
☐ 潜在的障碍在哪里?
☐ 我们如何知道我们能获得成功?

为机会进行对话常常会不欢而散,因为我们通常带着巨大的限制性去想象机会。你会对机会做出比较大的想象,由于询问真正的目标而感到兴奋。把自己置于未来之中,你在那里已经实现了自己的

1 通过对话进行管理

目标。然后询问自己，它看上去是什么样子的？正在发生什么？人们是如何行动的？为了实现这一未来，你需要做什么？从那里再退回来，明确你到达那里需要采取的步骤。像这种"反溯制定计划"的方法，通常能帮助你找到新的和更简单的机会。

为行动进行对话

"总结"的对话就是为行动进行对话。这是你表示同意要做的事情、谁来做它、什么时候开始的阶段。把机会转换为行动需要更多的认同；你需要做出允诺，做出行动的承诺。

经理们经常评论说，促使行动是管理人最困难的事情。"你是否注意到，"一位高级经理最近对我说，"人们是如何拒绝做他们已经同意做的事情的？"盯在他们后面，催促他们采取已经认同了的行动已成为一件最浪费时间的事情。为行动进行对话，是化解这一问题的第一步。记录下在为行动进行对话中产生的允诺是至关重要的。

对话的这四个阶段模式，无论是在简单的"欢迎—获得—提供—总结（WASP）"模式中，还是在更为精致的人际关系—可能性—机会—行动的模式中，它们都将为你——作为管理人的经理——必将面对的谈判提供更广泛的服务。你的一些对话将

为行动进行对话：关键的询问

　　为行动进行对话是询问和允诺的动态过程。它采用一种特殊的形式。

　　□ 你要求他人在特定的时间里做某件事情。你必须非常清楚这是一个请求，而不是一个命令。命令也许能获得立竿见影的效果，但是，它们几乎不能产生承诺。

　　□ 他人对这一请求可能有四个回答：
　　——他们接受；
　　——他们拒绝；
　　——他们承诺接受而过几天又拒绝（我将通过……让你知道）；
　　——他们提出相反的建议（我不能做它，不过我可以做……）。

　　□ 对话导致一个允诺（我将在 X 时间为你做这件事情）。

1 通过对话进行管理

包括这四个阶段,另一些则集中于其中的某一个。但是,请记住,这些对话只有在你非常"适宜"地把握它们时,才能真正发挥效力。

每一个对话的成功与否,取决于它以前的对话是否成功。如果你不能解决对话中的问题,那它就将对下一个对话产生持续性影响。例如,为人际关系进行的对话中不能解决的问题,会变成可能性的冲突、不透明的议程或"个性冲撞"。缺乏探究的可能性,会导致机会的失去;而缺乏对行动的真正承诺,则将产生未来管理上的问题。

2 对人的管理模式

迄今为止,我们已经看到,我们对人的管理,本质上是通过我们与他们进行的对话。我们已经看到我们可以改善这些对话,并为它们建立有效的结构。

现在,我们可以进入一个范围更广的领域。作为一个经理,你的对话基础建立在你对自己的经理角色的信念基础上,至少部分是这样。反过来,你如何管理人的基本信念将影响这些对话。在这一章里,我们将检查这些信念中的一部分,说明它们会如何与激励工作中的人的因素的普通模式相联系。

我们的目标在于发展这样一种模式:作为经理,你能够用它来帮助自己更协调和更理性地行动。对人进行管理是一项复杂的工作;这一模式有助于简化现实,使我们能更有效地行动。

身为一个对人进行管理的经理,什么被你视为

如何更好地管理人

最高目标？当你的下属主动高兴地准备去做你要求他们做的事情时，你会感到非常快乐。但是，我们必须牢牢地记住："命令和控制"的时代已经一去不复返了。技术不断进步，组织机构不断复杂化，经理们必须在其中运行的新的契约安排形式的范围更加广泛。所有这些，都意味着没有谁能保证自己知道如何做才是最好的方式。许多人现在在一个矩阵安排形式中工作，在这种形式中，他们必须适应两个或更多的经理（例如，在项目类型的工作中）。工作场所之外的变化，使人们越来越不乐意去做"通知"他们做的事情。

事实上，大多数经理可能都希望他们管理的人对自己的工作承担起更多的责任。如果我们管理的人完全接受承担与工作相联系的责任，让他们像一个成熟的成年人那样得到训练，我们这些经理的工作就可能变得更加轻松。

除非……他们承担的责任越多，我们对他们的认识和控制可能就越少，他们就可能变得越难以管理！在控制人的行动与赋予他们承担责任的行为自由之间的这种紧张状况，已经成为对人的管理的核心问题。

2 对人的管理模式

你的管理风格是什么?

关于"管理风格"的话题,已经有许多专著和论文。从"专制的经理"到"倡导参与的领导者",人的管理的每一种风格几乎都有它的鼓吹者和批评者。然而,我们中许多人可能更钟情某一种风格,并把它置于其他风格之上。对人进行管理的现实,意味着我们需要更改我们的风格,以适应不同的人和不同的环境。

罗伯特·斯坦鲍姆和沃伦·斯科米德在1973年5月的《哈佛商业评论》上发表的重要文章中,指出了管理决策中的七种主要风格,他们把这七种风格视为"领导行为的连续统一体"。我们可以把这七种风格思考为你能够与自己的团队进行的七种对话形式:

□ 告诉。在连续统一体的一端,经理独自一人做出决定,他并不想让其他人参与决策过程。这是有效的专政。

如何更好地管理人

□ 推销。经理做出了决定,并尝试把它推销给团队。推销包括谈判、辨别需要、提升观点的利益、乐意接受"销售失败"的可能性。尽管如此,决定的责任依然由经理承担。

□ 介绍。经理提出关于这一决定的一些背景,邀请他人提出问题,以便团队可以探究和理解这一决定。责任依然由经理承担。

□ 建议。经理提出行动的可能路线的建议,邀请他人讨论和评论,但是,保留自己做出最后决定的权力。

□ 咨询。经理预先向团队咨询,在没有做出决定以前先搞清楚有关问题,但是,保留最后做出决定的责任。其他人能够参与到决策圈子里,可能提供他们的观点和建议。经理允诺认真仔细地考虑所有的观点,但是,依然保留独自做出决定的权力。

□ 询问。在这一阶段,团队对决定承担责任。经理详细说明对话的选择机会和限制性。

□ 参与。团队中所有的人与经理一样平等地参与到决定中。决定由多数人的意见或通过表决确定。经理同意支持大多数人的意见,即使他本人对这一意见并不认同。他们有效地拥有经理已经放弃的责任。

2 对人的管理模式

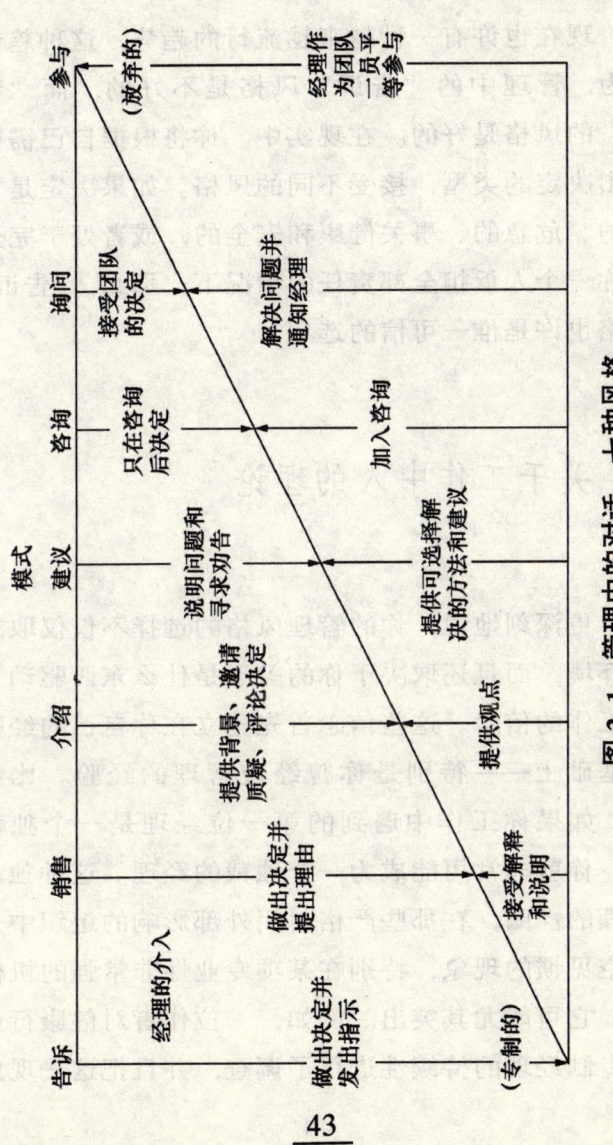

图 2.1 管理中的对话：七种风格

如何更好地管理人

现在也许有一种越来越流行的趋势，这种趋势认为，管理中的"告诉"风格是不好的，而"参与"的风格是好的。在现实中，你将根据自己需要做出决定的类型，接受不同的风格。如果决定是紧迫的、危急的、事关健康和安全的，或者处于完全由你一个人承担全部责任的情况下，那么，"告诉"风格也许是惟一可信的选项。

关于工作中人的理论

更深刻地说，你的管理风格的选择不仅仅取决于环境，而且还取决于你的关于是什么东西驱动人们工作的信念。这些信念首先建立在你自己的经验的基础上——特别是你曾经被管理的经验。比如说，如果你工作中遇到的第一位经理是一个独裁者，你就非常可能成为一个独裁的经理。这种独裁管理的怪圈，在那些严格封闭外部影响的组织中是司空见惯的现象，特别在某项专业性非常强的机构中，它可能尤其突出。例如，一位作者对健康行业中专制经理的持续性进行了调查，并且把这一现象

2 对人的管理模式

与虐待儿童的现象进行了比较。

但是,你还会把自己管理风格的选择建立在一个更广的基础上:秉持激励工作中的人的信念。这些理论作为一个整体存在于社会中;理查德·道金斯把它们称为"Memes"。

"Memes"指的是从大脑到大脑,影响我们的行为,传输我们通常称为"文化"的那些东西的想法。

"Memes"并不处于我们的直接控制之下;它们进入我们的意识,决定我们思考事物的方式。强烈的"Memes"演变为我们自己的精神模式;它们会以一种非常敏感、微妙而又意义深远的方式影响身为经理的我们的行为。反之,我们的行为对我们社会中"Meme"的力量做出贡献,使它更具影响力。

Meme来自何处?也许行为和精神模式是互相增长的。

对经理来说,它的意义在于,如果我们希望在我们管理的人中间加强一种精神模式,我们可以通过介入这一循环做到这一点。以符合人类行为的理论行事,你就能够加强其他人的"Meme"。改变人们的想法的关键在于"行为"。

如何更好地管理人

经理　　个人的行为　　个人的信念　　社会的行为

图 2.2　"Meme" 循环

在解释激励工作中的人的方面，我们已经提出了大量的理论。其中只有极少数具有 Memes 那样的价值，并具有强大的威力。我们在这里来观察其中一部分被广泛注意和采用的理论。

麦格雷戈的 X 理论和 Y 理论

在这些精神模式中，可能被引用得最多的是道格拉斯·麦格雷戈的著作《企业中的人》，这本书于 20 世纪 60 年代出版。麦格雷戈是一位管理咨询顾问，他在管理人的问题上提出了两个针锋相对的假设。

X 理论——麦格雷戈认为，这是经理眼中典型

2 对人的管理模式

的或传统的看待雇员的观点——这一观点假定人是懒惰的，不愿意工作或逃避工作，需要用奖励和威胁并重的方式迫使他们做任何事情。X理论假定大多数人不会对自己负责，因此需要其他人来照顾他们。麦格雷戈通过对经理的观察和调查，推测性地发展了X理论。

Y理论——似乎是麦格雷戈发明的——提出了与X理论完全相反的观点。它假定人们具有需要工作、成就和承担责任的心理。Y理论假定人通常是不成熟的，经理需要像父母亲对待孩子那样对待他们。Y理论假定工作中的人是——或者希望是——成熟的成年人。

这一对理论都曾经获得了巨大的成功，可能是因为以下三个主要的原因促成了它们的成功：

☐X理论在普通的人群中是一个被广泛持有的信念，因此更容易被接受（你从来没有感觉到它对你管理的人是适用的、有效的？）。

☐Y理论提供了一个清晰的、令人鼓舞的愿景，经理们更容易关注这个愿景。

☐这一对理论可以被简单明了地表达，易于被记住。

如何更好地管理人

毫无疑问,麦格雷戈把 Y 理论视为一个帮助打破"命令和控制"的管理僵局的模式。事实上,它可能是对创造更人性化的工作场所的最强有力的影响之一。在这方面,Y 理论的确能够提供一些给人印象深刻的证据。总而言之,我们中大多数人希望工作;我们中大多数人都在寻求能够为我们提供满意度和成就感的工作。

X 理论	Y 理论
人们不愿意工作,如果可能,就会逃避工作。	工作是心理成长的必需。
人们只有被强迫或被贿赂,才会努力。	人们希望对他们的工作产生兴趣,在适当的条件下,他们会喜欢工作。
人们更愿意被指示,而不是承担责任。	人们会引导自己走向已接受的目标。在适当的条件下,他们会寻求和接受责任。自我规训比强加给他们的规训更有效。
人们主要被金钱所激励。人们受到对自己安全的焦虑所激励。大多数人缺乏创造力——除非进入管理层。	在适当的条件下,人们会被发挥自己潜能的渴望所激励。创造力和独创性是广泛分布的,它们尚未得到开发。

图 2.3 麦格雷戈的 X 理论和 Y 理论

2 对人的管理模式

Y理论是非常吸引人的管理行为模式。那么，它为什么有的时候是难以应用的呢？主要的原因是，我们并非都是成熟的成年人，或者说，至少并非在所有时间都是。亚伯拉罕·马斯洛是Y理论的坚定支持者，他在加利福尼亚的一个小型公司工作时，对这个理论进行了实验。他得出结论，Y理论就如同它具有的魅力一样，同时也具有残忍性。由于它的弱点，它易受到攻击、受到损害，因此，Y理论需求的东西太多。甚至那些强有力的和具有能力的人，都需要方向感、安全感和秩序感；我们中更弱的那些人，就更需要保护。

实际地运用Y理论

前面的研究已经表明，X理论和Y理论作为人性理论是令人不满意的。事实上，它们是"Memes"：影响行为的精神模式。

Y理论的实际重要性不是它可能真实，而是它倾向于变成真实，如同你的行为就好像你

如何更好地管理人

> 相信它那样的话。作为一个经理，如果你的行为好像你是成熟的、有责任的成年人，他们将倾向于同样行动。Y理论为我们提供了一个管理人的战略的起点。

马斯洛认识到，Y理论不能简单地取代X理论。消除"命令与控制"不是一件简单的事情；我们必须以其他类型的安全取代X理论的安全。X理论的命令和惩罚所做的事情，必须在Y理论之下以其他一些方式去实现。如果你希望运用Y理论作为一种对人进行管理的战略，你就必须认识到，你正在冒使人们感到损失和不充分的风险。在Y理论之下的管理并不比在X理论之下更容易；它甚至更困难和更复杂。

马斯洛的需要层次

如果我们希望我们管理的人像一个负责的成年人那样行动，我们就必须满足阻止他们不这样做的需要。马斯洛的独创理论就是为了寻求辨别这些需要的道路。它比麦格雷戈的理论早些形成：马斯洛

2 对人的管理模式

在1943年首先出版了他的著名著作《需要的层次》一书。尽管它建立在对少数几个神经病患者的临床观察的基础上，但是，他创造的这个金字塔结构，作为人类行为的普遍理论，产生了巨大的影响——特别是在管理学方面。

马斯洛论述道，人类的需要可以排列为5个不同的层面。安全以下的需要一般不重要，而它们之上的每一个层面的需要都是重要的。

马斯洛的理论具有两个重要的意义：

☐ 人类需要的出现是可预测的，呈现逐次上升的格局。你的生理需要一旦得到满足——对食物、蔽身所、温暖等等的需要——你对安全的需要就变得更突出，并依此类推。你对自我实现的需要不能在其他需要得到满足以前产生。例如，你的团队成员如果不能在尊重和尊敬方面得到满足，他们就不可能负责任地工作。

☐ 这些需要不是绝对的。一个需要得到的满足越多，我们对它满足的兴趣就会越低。例如，如果饥饿在你的雇员中不是一个主要的需要，你就不可能通过提供更多的食品来激励他们更努力地工作。

如何更好地管理人

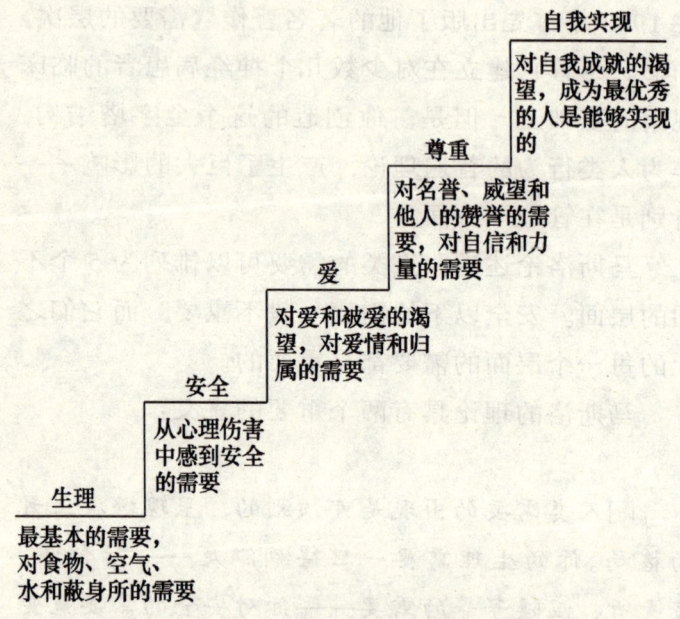

图 2.4 马斯洛的需要层次论

注意这样一个现象是非常有趣的，尽管在支持或者反驳这一理论方面的研究证据非常少，马斯洛的理论一直非常流行。它似乎让我们产生这样一种感觉，如果我们希望帮助别人承担更多的责任，我们必须满足他们在马斯洛的需要层次论上低层次的安全需要。

另一方面，我们也许可以这样思考，在这些情

2 对人的管理模式

景中，人们被自我实现的主要行动所激励，而不管或者不关心他们的低层次需要是否得到满足。例如，创造性的人也许对满足他们的生理需要表现出非常小的兴趣。优厚的收入，舒适的家具和充足的食品可能对他们的动机没有什么差异。另一方面，他们可能需要更大的表达思想的自由空间，以及在工作中的自我实现。

马斯洛可能没有认识到的东西是，在被满足的行动中变化的需要。例如，如果人们变得习惯于满足他们的基本需要——比如说，通过正常的收入——它可能变得没有动机，但这些基本需要却可能作为不满意的根源发挥更强有力的影响，例如，这些基本需要突然失去或减少。需要还会因为变成不同类型的需要而发生变化。再一次以收入为例：当每一个人都能得到足以购买他们生存所需要的物品的收入时，收入本身成为满足人们对尊重的需要的一个因素。大量的不满会因为收入比例相对小的差异而产生。

如何更**好地**管理人

实际地运用马斯洛的需要层次论

马斯洛为许多经理提供了一个强有力的模式。它给予你一套检查你的团队行为的指示器。

☐ 运用马斯洛理论,能够获得对基本权利的认识。如果舒适、安全和对人的尊重的基本问题未解决,你的团队业绩就不可能达到顶点。

☐ 运用马斯洛理论,能够辨别团队中最重要的当前需要。你还可以把它作为工具,帮助你建立寻求满足更高层面需要的目标。

☐ 运用马斯洛理论,能够辨别在人的发展中的障碍。如果你的团队正在威胁着他们较低层次需要的情况下工作——例如,解雇、重组、危险或不适——你可能发现,要在较高层次发展他们的成就很困难。如果面对的是一种新的较低层次的威胁,这种情况更可能真实地发生。

2 对人的管理模式

洛克的目标建立理论

建立在心理模式基础上的理论业以被证明具有很高的影响,但是,难以支持实际的业绩问题。与之相反,实践始终证明,与其他任何激励技巧相比,目标建立理论能够实现更高的结果——然而在一般的经理中,相对来说,这种模式依然未受到重视,依然是未知领域。

高激励的人肯定具有目标导向的倾向。"如果你不知道你要去哪里,"柴郡猫对阿丽丝说,"任何一条路都可以带你到一个地方。"作为一个经理,你处于为你管理的人制定和同意目标的位置上,这些目标可能是你能激励他们获得更高业绩的最有力的工具。

目标作为激励人去完成工作任务的主要因素在很早就被人们所认识。事实上,近些年来,整个管理哲学——通过目标的管理——一直是围绕着目标建立理论成长的。

艾德文·洛克发展了目标建立的最清楚的模式之一。洛克进行了数百次研究,调查了目标建立对

如何更好地管理人

业绩的影响。

洛克的研究得出了这样的结论：目标以四种主要的方式激励人：

□ 目标指引我们的注意力。如果我们得到实现一个目标的承诺，我们更可能把我们的注意力集中到我们需要认真思考和实现的事情上。有一句话非常形象地说明了这个道理："得到估量的事情，才有可能去做。"

□ 目标调节我们的努力。与一般的希望和愿望相比，目标可能增加我们投入到实现某件事情上的工作量。

□ 目标使我们更加坚持。坚持才能有所收获。我们很可能在我们承诺的目标下更坚持。

□ 目标帮助我们制定计划。如果你在这里，而目标在另一个地方，你将受到鼓舞去发展一个结构性计划，以便开始前往目标的旅程。例如，如果你给自己提供一个现实的目标，而不是简单地决定减肥，你就更可能制定出一个切实可行的减肥方案。

自1968年以来，目标建立的观点持续了一个年代，当洛克第一次提出他的观点以后，导致了关

2 对人的管理模式

于目标建立的五个主要的观点,经理们发现它们都很实用。这五个观点是:

□ 导致更高业绩的艰难目标。目标的艰难性与实现目标所需要的努力程度相关。在 30 秒钟时间里游 100 米的困难,肯定大于 50 秒。一个月时间里销售 10 台洗衣机的困难,肯定大于一个月只销售 1 台。记住:困难是被我们认识为困难的那些事物。被认为不可能实现的目标,会导致更低劣的业绩。

□ 与普通目标和"尽力去做"的目标相比,特殊的目标会导致更高的业绩。一般来说,仅仅在简单的目标中结果才是真实的。人们不可能很好地履行复杂的任务,不管目标多么特殊,除非他们对实现这些目标拥有清晰的战略。

□ 反馈加强业绩。反馈是许多活动的基础。想象这样一个情景,你在试着玩飞镖,却不看镖靶,结果会如何呢?然而许多人必须在极少或根本无法从他们的经理那里得到反馈的情况下完成工作任务。反馈让人们知道他们是否沿循规定的轨道。

□ 目标可以是自我建立的、分配的或认同的。显然,一些人更可能接受一个他们至少在建立目标

如何更好地管理人

时参与过的目标，而不愿意接受被分配的或不得不认同的目标。但是，没有明显的证据可以证明任何一种建立目标的方法会比另一种方法更好。

□人们只有在接受这些目标时，才能实现它们。这是非常重要的一个因素。这时，作为激励因素的目标争论形成循环。在特定的环境下，显然，建立目标本身创造了实现它的承诺（"加油！加油！"效应）。在获得对目标的承诺上，我们依然不清楚哪一种奖励方式——金钱的，还是其他类型的——更有效。

目标现在已经远远超出了组织的标准。更可能出现的一种情况是，你在一种具有共同目标的或引进的文化背景下工作——可能反对、抵制。我们将在下一章里更详尽地检查目标建立的问题。现在，更为重要的是强调目标——适当地建立和仔细地监控——这可能有助于你依据Y理论对人进行管理。目标可能为X理论的"命令和批准"的模式提供一个现实的代用品。它们提供安全的关键要素：它们给予人一个清晰的认识，使他们认识到自己现在处于何处，他们将走向何方，他们需要实现什么。目标是有助于你管理的人承担更多责任的一个基本部分。

实际地运用目标建立的理论

建立目标有三个步骤:

☐ 建立特殊的目标。使它们可以被量化。

☐ 促进目标承诺。在建立目标时,尽可能多地让人们参与。说明你为什么相信他们,为什么组织要建立这些目标。介绍公司目标,解释个人目标如何适应公司目标。鼓励人们建立他们自己的目标,总是在困难但绝非不可能中奋力推动目标的实现。在目标建立中,培训你自己和你的团队。

☐ 提供反馈。缺乏认识的激励是无用的。除非人们知道他们做得多么好,他们被期待的是什么,否则,他们不可能判断和调整他们自己的业绩。反馈还可以帮助人们提高他们的技能。

如何更好地管理人

以行动为中心的领导模式

麦格雷戈的理论和马斯洛需要层次论,都为人类行为提出了一个心理看法。甚至包括洛克的目标建立理论,它假定人们将按照他们的心理原因行事。作为经理,我们的确需要对人类本身了解得更多。把人作为人,而不是作为公司机器上的某个齿轮进行思考,肯定对我们更有帮助。

但是,经理绝不是心理学家,不会因为进行心理研究而获得报酬(除非一种情况,他是心理部门的头)。我们也不会因为关心人、注意他们的每一个需要、抚慰他们使他们感到舒适而得到报酬。我们因为我们的工作成果得到报酬。医生关心患者的健康;经理必须关注的是他们实现它才能得到报酬的工作任务的需要。我们对人进行管理的焦点必须集中在工作上。工作不是所有的事情;但是,它是经理人的第一需要。

因此,作为经理,你的效率取决于你影响其他人的能力——以及受到他们的影响——在实现工作任务

2 对人的管理模式

中。在实际中,这意味着你管理的人有必要知道:

- □ 任务是什么;
- □ 他们将如何做;
- □ 他们处于何处。

你的责任是:

- □ 完成任务;
- □ 发展个人的技能;
- □ 构建团队。

一个成功的经理注意责任的所有三个方面。三个连锁的循环能表现出责任的这种模式:约翰·阿代尔的以行动为中心的领导概念的著名三个循环理论。这个循环连锁,会由于忽视其中一个领域而对其他领域产生不可避免的影响。

比如说,缺乏对工作任务的注意,将导致团队中纪律松弛和个人的不满。同样,过于关注一个领域,可能导致对其他领域的忽视。一个过于以任务为导向的经理,可能在充分发展人的潜能方面遭到失败;一个强烈地注重发展人或者团队的经理,可能意味着对任务的忽视。

完成任务

工作第一。完成你的角色和你的团队为之存在的各种任务,是你最明显的责任。危险——特别是如果你正在追求目标——是你会尝试独自一个人去完成所有的任务。之所以会如此,也许因为你能比你的团队更好地完成这一工作;但是,这不是你的工作职责。作为经理,你的责任是通过你管理的人去完成任务。作为经理,完成这些任务意味着:

□非常清楚任务是什么,把它交给你的团队,经常提醒他们;
□了解如何使任务适合组织的整个计划;
□制定如何完成任务的计划;
□提供必要的资源:人力、时间、资金、设备、权威;
□尽你所能,确保组织的结构能允许人们去完成任务;
□在完成任务的过程中提供反馈;
□根据计划和目标评估结果。

2 对人的管理模式

发展员工

你的团队是由一个个独立的人组成的。人不是机器,不能像机器一样工作。人们具有多种需要——马斯洛曾经非常清楚地向我们说明了这一点——在我们工作以前、之中和以后。作为一个人,我们需要生活和表达我们个人,向我们自己、我们的同事或家庭提供所需,在我们所做的事情中有所发现,从我们的同事那里赢得接受和尊重。可能更为重要的是,我们需要感觉我们正在做出贡献。

幸运的是,作为经理,所有这些需要,意味着人们希望"参与"到他们的工作中,并把工作做好。他们希望得到激励。

不幸的是,依然有太多的工作安排给个人,就好像人是一台机器(工作中的压力,很大程度上是因为把人作为机器来对待的结果)。机器可以最佳运转,当它们只重复做一件简单的工作时。如果能保持持续正常的速度和节奏,能够使运动部分最小化,它们可以最佳运转。与之相比,人不适合反复地、单一地运转。我们缺乏力量和持久力,我们非常容易疲劳,我们会出错,我们所擅长的是协调。

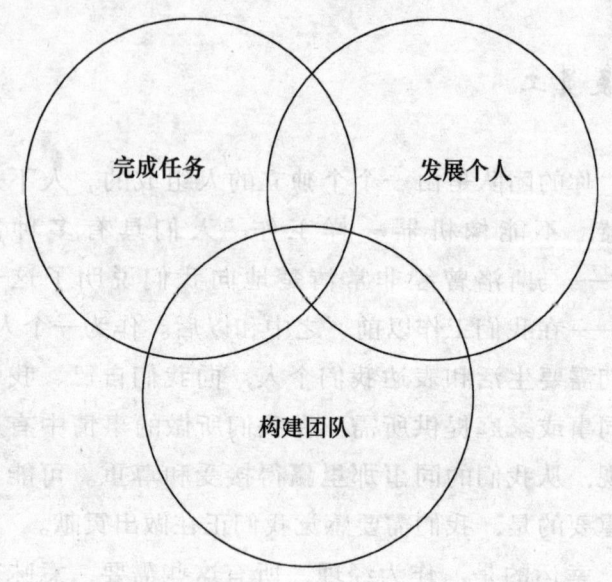

图 2.5 以行动为中心的领导模式（约翰·阿代尔）

我们只有在整个人——精神、感觉、肌肉——都参与到工作中时，我们才能最佳地运作。

因此，对人而言，最适合的工作类型是由运动群体组成的工作。如果我们能把自己的注意力经常公平地从一个任务转换到其他任务上，我们就能更有效地工作。如果我们能共同理解任务的意义，我们就能更有效地工作。如果我们能常常改变我们工作的速度和节奏，我们就能更有效地工作。如果我

2 对人的管理模式

们对这些不同的速度和解决方法具有控制力,我们同样能做得更好。

我们绝对需要发展工作中人的精神和生理技能,如果我们希望人们尽可能好地工作的话。作为经理,你具有帮助人们产生下列感觉的核心责任:

□ 他们正在从自己的工作中获得个人满意;
□ 他们正在为他们的团队和组织做出有价值的贡献;
□ 他们发现自己的工作具有挑战性;
□ 他们对自己能满意地操作具有一定程度的责任感;
□ 他们的贡献得到了承认(可能得到奖励);
□ 他们对自己承担责任的那方面工作具有真实的控制权;
□ 他们的工作正在帮助他们在经验、能力和成熟方面得到发展和成长。

这一方面的管理可能最容易被忽视。高级管理层经常地宣称"人是我们最大的资产",但同时却几乎不对他们做出任何投资。有一个真实的危险,你这一方面的经理角色可能由于过于追求"把事情

如何更好地管理人

做完"而滑出路面。发展人是你工作的一部分,你根本就不应该忽视它。如果你忽视了它,人们就会对你投反对票。

构建团队

我们中的大多数人是在团队中工作。团队具有它自己的身份特性,它自己的历史和它自己的成长和衰退的形式。没有两个完全一样的团队。团队经理应该具备的一个关键观点是,团队中那些不同的个人具有不同的需要。因此,你必须能够对你领导的团队的动态做出回应,在更广泛的组织里表达它们。构建团队意味着:

□ 建立和保持团队目标;
□ 建立和促进团队价值观:社会的、行为的、任务导向的;
□ 保持团队的身份特性;
□ 帮助团队把视野转向外部:欢迎新人和新观点,在更广泛的组织里对顾客和伙伴具有前瞻性;
□ 与团队有效地沟通,帮助团队成员互相进行沟通;

2 对人的管理模式

□尽可能让团队成员参与到与他们有关的决策过程中。

管理不是理论，而是实践。重要的不是你知道的是什么，而是你做的是什么。这就是为什么我们在这一章里讨论的工作模式被称为"以行动为中心的领导模式"的原因。作为经理，你注意的焦点必须集中在行动上。

以行动为中心的领导模式，使我们远离管理风格的问题（诸如斯坦鲍姆和斯科米德的连续统一体）。对人进行管理，是一个在任务、个人和团队之间持续地改变关注重点的存在过程。我们所采取的管理风格，将在很大程度上取决于我们在当时所承担的责任范围。

重要的问题不是"我想成为什么样的经理？"而是"我们的真实情景是什么，以及我如何才能在这一情景中做出一个经理的贡献？"我们在这里检验过的理论和模式，在帮助我们理解自己的真实情景方面是有用的，而我们的管理质量只能在实践中得到检验。

3 管理你自己

如果你不能首先管理好自己,你就不能管理好他人。在人们被管理的问题上,经常表现出经理自我管理方面的不足。优秀的经理依靠以身作则来领导。如果你不愿意管理你自己的贡献——在完成自己的任务方面,在发展自己方面,在作为一个有效的团队成员的贡献方面——那么你就没有权力期待他人表现出更好的行为。

这一章的重点是如何认识你自己和你的角色。我们将讨论你如何才能应用以行动为中心的领导模式来管理你自己,你如何才能克服你在经理职位上的一些紧张问题:这样的紧张会留下未解决的问题,可能伤害你的业绩。

如何更好地管理人

五路管理

每一个现代的经理都在五个方面具有责任,它们分别是:

☐ 向下的管理。你被赋予某些特定的资源,其中最有价值的资源是人。你在向下管理中承担的最主要责任是,管理那些直接向你报告、你对他们做出评估的人。

☐ 向上的管理。你可能对谁是你的经理根本没有选择,但是,你与他的关系如何,却会对你的业绩和工作满意度形成不可低估的影响。向上的管理意味着,理解你的经理的工作,认识他们对组织贡献的价值。它还意味着,你应当尝试去发展与他们进行更有力和更诚实的对话。在一些组织中,360度评估是一种有助于人们更有效地管理他们的经理的尝试。

☐ 横跨组织的管理。作为一个经理,你将与其他部门,或团队,或领域,或区域的其他经理打交

3 管理你自己

道。你与他们的个人关系将影响你的整个业绩。当你与专业职能的经理必须为完成普通的目标进行对话时,特别容易出现问题。因为市场营销和生产中使用的是不同的语言;经营和财务可能用的是完全不同的词汇。部门之间的服务水平协议,可以为我们如何跨越职能界限进行交流建立一些基本规则和程序。然而,最重要的是,你们必须做出努力,互相理解实现你们的目标的必要范围。当进行项目管理时,有效地管理那些跨越不同界限的需要会成为一个迫切的问题。

□向外的管理。你与组织外部联系的范围可能比你想象得要大得多。它可能包括顾客、供应商和商业伙伴;当然,它还可能包括调整者、巡视员、法律顾问、研究人员、媒体、学校、专业团体,等等。在有些对话中,你拥有完全自由的管理;在与另一些人的对话中,你只有一点点管理自由;而与第三组——审计员、协调者、巡视员和评估员的交往中,你实质上几乎完全没有管理自由。因此,你需要找到管理所有这些人的方法。

□管理你自己。你处于所有这些管理的中心。你管理自己的方式,将决定着你如何管理好你的所有其他关系。

如何更好地管理人

五个空间的管理模式是一个非常有用的自我审视的工具。通过检查你在每一个空间里的实力和弱点,你可以构建一个改善自己技能的战略。所有这些技能,将有助于你更好地管理你自己。

定义你的贡献

你应当努力构建向上的、向下的、向外的和跨越组织的有效人际关系。但是,同样需要考虑的是,有效地管理你自己,"把你自己的行动放在一起进行考虑"。

因此,你运用五路管理模式的第一个机会是,清查你个人对组织的贡献。从对你自己进行这项分析开始,然后把它告诉你的一个同事。分析由两个部分组成:

☐ 观察工作本身;
☐ 观察你对任务的个人贡献。

3 管理你自己

首先思考工作部分。如果你是顾客服务经理，你为什么要充当这一角色？或者，如果你是质量协调员，你的这个角色为什么被创造出来？

> ### 思考工作
>
> 询问你自己的问题包括：
>
> - ☐ 这个角色的特殊贡献是什么？
> - ☐ 它与其他类似的职位有什么不同？
> - ☐ 对这一工作最新的描述是什么？
> - ☐ 这个工作的名称是否精确地反映出了工作的需要？
> - ☐ 工作的真实情况与预想的情况有什么不同？
> - ☐ 在组织中，这一工作是否得到了很好的理解？

如何更**好地**管理人

> ## 思考你的贡献
>
> 可能帮助你的问题是：
>
> ☐ 当我接受这一工作时，我做出了什么变化？
> ☐ 该工作中哪一方面占据了我最多的时间？
> ☐ 在这一工作中，我认为最困难的是什么？
> ☐ 我感到这一工作最快乐的地方是什么？
> ☐ 我所发现的挫败是什么？
> ☐ 这一角色需要我的所有技能吗？如果不是，是什么使我的才干发挥不出来？
> ☐ 我与同事、我的团队、我的经理以及外部的人际关系是否良好？
> ☐ 当成功来临时，我要提出的建议是什么？

你可能发现，与一个同事讨论你对这些问题的回应更有帮助。作为一位任职者，要想超越自己的

3 管理你自己

工作局限来看待问题往往非常困难。

这一分析的第二步是观察你的个人贡献。你也许是从无到有创造了这个角色，也许是从一位非常受人尊重的经理那里接手这一角色。无论你是通过什么方式获得这一角色的，你都必须以各种方式让自己去做好它。你为它带来的"附加值"是什么？

一旦你完成了这一分析，你就能运用五路管理模式来思考在工作和你自己的贡献之间是否存在良好配合的问题。

向上的管理

你是否在侵犯你的经理的角色？你也许已经在一点一点地蚕食他们的正当权力。如果情况是这样，你没有必要为此感到羞耻。你可能已经做好了承担更大责任的准备，在这种情况下，你们可以公开进行一次对话。

向下的管理

你是否对你的团队下一步要做的事情进行了预测？你是否总是盯着他们，指使他们做这做那？你

如何更好地管理人

是否给予他们足够的空间让他们按自己的方式行事？他们选择的方式可能不是你的方式，但是，它可能是非常有效的。

向外的管理

你把多少时间花费在"救火"行动上？你是否运用预报顾客需求或调整者需要的"天线"，使自己保持前瞻性姿态？你是否总是对外部影响采取防御性的反应？

横跨组织的管理

在你和任何同事之间是否存在交叉？你是否曾经同意相互之间的界限，或者你设定了一个不要介入同事的领域的界限？你的角色的实际界限（向上的、向下的、向外的和横跨组织的）可能是不固定的；你可能一直按照这种方式处理它们。这不一定是错误。它可能仅仅反映了现实：你形成这样的工作模式是为了适配你的技能。

你需要采取一个现实的、灵活的方法来定义你的角色。当然，组织需要实现它的目标——你也同

3 管理你自己

样——但是，当你的工作责任被一种僵硬的、被定义的工作说明约束了的时候，时间肯定浪费了不少。事实上，极少数经理能够在对他们的工作缺乏开放的态度中幸存。当然，这里的危险是，跨越责任界限的流动性很可能会导致经理超负荷地工作：在已经"削减"了人员的组织中，这是一个非常普遍的问题。解决方法是，与那些角色与你的角色相邻近的人谈判，调整你们之间的界限，以便每一个人都具有"赢"的机会——至少可以幸存下来。

但是，还有另外两个检查，你需要把它们放进你的角色的实际形式中，它们是：

☐ 寻找黑洞。是否存在任何让你感到不舒适或不喜欢，以至于它们要么无法得到履行，要么被半心半意地对待的责任？我们所有的人都会面对这样一种情况：矿藏已经被预测出来。我非常乐意把它们分配出去，让大家来挖掘它，而不是我自己亲自出马，但是，我保留对完成我的预算义务的责任——这些责任是无法分配出去的。

☐ 寻找未曾用过的技能。你所拥有而你的角色并不需要的技能是什么？比如说，你可能会说西班牙语，但是，工作规则却对西语说"不"。

如何更好地管理人

你自己的发展

你自己的发展问题与你所管理的人的发展问题没什么两样。通过评估和本书中介绍的那些与发展计划相连系的方法,你也许能够与你的经理一道为你的发展可能性进行探讨。我们看到,经理越来越多地被赋予追求自我发展的机会——或者有的时候被赋予一个选择。你可能正好产生这样一个观点,自我管理的学习有利于自我指导的发展。自我管理的学习意味着根据你控制的计划,运用适用于你的所有学习资源和机会。缺乏自我尊重的组织应当允许你单独尝试这一计划。你必须努力去认识你的需要,使它们突显出来,创造一个支持网络,回顾你自己的进程。在这一点上,你的组织应当为你提供培训和学习的机会,培育一个学习的氛围和学习的支持网络,向你提供运用这些新技能、新知识和你已经改善了态度的工作机会。

你可能具有一些你不曾在工作中使用过的技能。你认为它们属于你个人。你应当让你的雇员了

3 管理你自己

解这些技能,看看他们是否能在他们的工作情景中运用这些技能。总而言之,既然它们是我们擅长和喜欢的东西,我们为什么不发展它们呢?

辨别和开发你自己独有的技能,是你能为你的组织做出的最大贡献。比如说,如果你是设计工程团队的成员之一,而你碰巧在主持会议方面具有卓越才能,如果你把自己的时间的 3/4 用在主持会议上(任何事情的讨论),而仅仅把剩下来的时间用在一些设计工作上,你的公司可能从中获得更大的利益。

为管理花时间

如果你已经超越了确定你自己的贡献的所有问题,它一定说明了这样一个道理,你应当在每个工作周里最大程度地提高你的附加值。身为一个经理,你的大部分时间应当被用于从事那些积极的活动上:管理他人,尽管你时常发现自己从事的不是管理活动,把太少的时间用在自己的首要角色。

如何更好地管理人

三个艰难的时间问题

如果你开始听到你的团队反映说从来看不见你的身影,从来没有机会与你交谈,那么你需要询问一些如何管理自己的时间的问题:

☐ 我现在正在做的事情中,有哪些是不需要做的?

☐ 我现在正在做的事情中,有哪些是其他人可以做的?

☐ 我现在正在做的事情中,有哪些浪费了他人的时间?

第一个问题提出了事物的轻重缓急、优先顺序和无意义地浪费时间的问题。这里的目标是,必须把重要的事情与并不紧急的事情区分开来。建立自己的目标,每一天询问自己为了实现这些目标,你计划做些什么?为自己制定行动计划,并保留它们。不管做什么事情,你都需要一个制度。

第二个问题鼓励你思考分配的问题。我们在第5章里将讨论这一重要的问题。

"万事必备"的制度

□ 清理你的工作场所。一个整洁干净的办公桌能产生可观的时间效用,这是千真万确的事实。

□ 工欲善其事,必先利其器。这包括日记、墙上的图表、议案、当日活动安排。我运用速记本记录每一天的活动、临时的电话号码等。我一直把它存放在橱柜上;我保留了从我参加工作第一天开始的所有日常活动笔记。

□ 每次只处理一张纸。老套的建议,但是依然非常有效。

□ 为电话和电子邮件制定计划。你需要很便捷地使用电话。告诉他人你什么时候在什么地方。你可以批量地处理来电。每天只用两次时间去处理电子邮件——绝不要在其他时间又偷偷地浏览它们。

如何更好地管理人

最后一个问题可能要求我们付出最大的努力。我们可以把它称为"自我纵容地插足他人的事情"。

你有多少次给某个人打一个对方并不需要在那个时间与你说话的电话？你有多少次发现自己为了寻找刺激性对话而在办公室来回踱步（可能是在"走动工作的"掩饰！）？你有多少次向你的同事传递对他们无用甚至永远不会去阅读的信息？

自我纵容的插足，可能意味着你正在你最喜欢的角色领域里漫步，尽管这个词看上去有点贬义，但是它们大多数最有生产性。比如说，我有的时候会陷入习惯中——在"研究"的掩饰下——浏览报纸上的有趣故事，我会小心地把它们剪下来，传递给我的同事们阅读。我深刻地认为，我应把传阅它们视为我的角色——为了给予我的同事更多有益的教育，使他们不致落伍。非常令人愉快的事情——但是，如果把每天早上的第一个小时用来做这件事，就可能不那么有生产性了，因为那段时间我们有更重要的事情要做。

自我纵容的插足的更危险的形式在于，你不能从自己曾经担任过的原先职位上抽身离去。尽管你已经不担任这一职位了，但是，你会下意识地留恋它，以"管闲事"的方式介入其中。如果这一职位是在另一个人的部门里,你的"管闲事"不会被人们长久容忍。但是,如果你是从这一职位上提升起来的,它依然在你的权限范围之下,你很可能会越过你的继任者的肩膀,直接插手这一角色,限制他们的活动空间。对这一插足行为的最好治疗方式是,应用附加价值原则。由于你在自己的附加价值的层面上操作,你必须让每一个人也在他们的层面上操作。

你的时间五路管理模式

你可以运用五路管理模式对自己如何在五个领域之间分配时间做出常规检查。这并不意味着每一个领域必须平均分配 20% 的时间;它的意思是,你必须在时间管理上具有前瞻性,确定时间比例是为了按你所希望的那样分配时间。比如说,许多经理承认,他们事实上应当把更多的时间用在与团队一道开展的活动上,而不是用在"更高层面"的没完没了的会议上。

五路管理提供了一个改变你希望的时间比例的途径。当然,"管理你自己"的领域不会像分线盒那样整齐划一。

如何更好地管理人

假如你正陷于内部会议的泥淖里,希望从办公室抽身去拜访供应商。与其被三月中旬前必须制定的新年解决方案压垮,还不如为自己建立一个可量化的变化方案,从每个星期中削减半天的会议(横跨组织的管理),腾出时间去进行对供应商的拜访(外部的管理)。

为了实现这一转换,你的行动路线把你带到"管理你自己"上,在那里,你开始询问"我如何做它呢?"通过只出席特别重要的会议,而不是按照议事日程出席所有的会议,可以节约一些时间:你可以通过询问同事(横跨组织的管理)来获得你需要知道和了解的主要会议精神。通过把另一些会议分配给团队的某个人,而使你得到其余的时间(向下的管理)。

"管理你自己"的分线盒,还可以使你能够区别紧急事情和重要事情之间的差别。也许你已经认识到你离开你的团队的时间太多了,因为你一直忙于"救火"(紧急的事情)。由于你没有时间与团队一道去寻找解决战略问题的方法(重要的事情),你的团队正面对巨大压力——这是我们在管理工作中有如此多的"救火"活动的原因之一。你需要做出一些转变,把优先顺序从向外的管理转移到向下的管理。在一个月的时间里,赋予你的同事(横跨组织的管理)处理"外部"紧急问题而不必事事向你报告的权力。在这个月里,你可以专心地与你的团队一起创造清晰的战略。

通过五路管理模式重新分配你的时间,不是一蹴而就的"火箭"行为。但是,那些有意识地运用五路方法的经理报告说,这种方法加强了他们做出时间管理的决心。正如一位经理对我说的那样:"它使你坐在了驾驶员的座椅上"。

处理压力

当前的许多调查都发现,工作中的压力非常令人担忧。它们导致的结果是旷工、与外界隔绝和创造力的破坏性缺乏。作为一个经理,我们负有双重的责任:把我们自己的压力保持在合理的水平之内,以及避免把压力施加于他人。

五路管理模式为辨别压力的根源(从我们的上级经理;从我们的直接下属;从我们的同事;从外部组织),以及我们可能如何在不知不觉中把压力

如何更好地管理人

施加于他人的问题，提供了一个良好的框架。

困难在于，通过定义，我们把压力体验为某种对我们发生作用的事情。我们总是把压力的根源视为外部的消极事物。然而，偶然的压力或许对我们确实有帮助。严格的期限可以激发创造力（我更愿意把它视为创造性紧张，而不是强制性压力）。一些人能够在压力状态下做出最佳表现，这也许是因为压力使他们"制造出"一种外部危机感，这种危机感使他们能够以"英雄范式"来克服它。可以肯定地说，短暂刺激造成的奋起可能是快乐的。

然而，当压力继续延长，它就会变得非常有伤害性。如果你以自己对压力的观感去忽视它对其他人的影响，你可能是自私的。你的过敏、唐突和急躁对他人的影响，不会少于对你自己的影响。

为了把你的压力保持在文明的界限内，你可以采取五种行动：

□ 做重要的事情。如果你让自己的注意力被琐碎的问题所吸引，所延误（例如，我把那个重要的报告推到下个星期去写），你就是在愚弄你自己，就是在储备麻烦。较大的工作满意度来自于回顾一周的工作，知道你所花费的大部分时间都用在了你

3 管理你自己

必须花费时间的事宜上，用在了组织和你的团队上。学会分配工作，学会说"不"。

□ 为改变你的远景而向外管理。当没有什么事情看上去是正确时，我们所有的人都有时间。这种状况很容易形成恶性循环。你甚至可能开始感到自己有一点儿妄想狂的症状，就好像所有的事情都在策划反对你一样。当这种情况发生时，尝试在你的日记中留出一些空白，尝试用一天的时间逃避你的正常工作场所，去访问另一个分支机构，或者顾客，或者供应商，或者与同事一道去旅游。这有助于为你提供一个远景感。

□ 要求帮助。工作生活状态的自然起伏，或迟或早会给任何一个人带来问题。认识到这一点是一个起码的常识。要求同事给予帮助，不是软弱无能的表现。我们可以以任何方式互相给予帮助，比如，在工作忙碌期借用一定数量的其他团队成员来克服人手不足的问题，或者为期限的额外延长进行谈判。

□ 发牢骚。建立一个"停工期"。你需要它，你不是机器。（即使机器也需要停工期！）对"停工期"制定时间计划，以适应你的生理周期。让自己在清晨起来做做运动，下午时放松一下自己，这可

如何更好地管理人

能是更好的放松办法。你在这段时间里做的事情，完全出于个人爱好。体育锻炼肯定对精神放松有益。我知道我在游泳池里游20个来回后，思考会更敏捷。

□找出隐藏在"什么"后面的"为什么"。开发你对自己正在从事的工作的理解力。努力去了解它的背景，构建大图景。加强你的技能，让你能够更自如地掌控情景。不要提出只有表面价值的请求或要求。如果我要求你做某件事情，如果我向你提供问题后面的理由，我肯定希望获得你对这件事情的完全承诺。"我需要在星期二得到它，因为……"；"我们必须改写它，为了……"。因此，如果你的经理，或者同事，或者一个检查员提出了一个似乎不透明或者不合理的要求，你可以请他们提供相关背景。如果你知道其中的原因，你和你的团队就能更好地、更有效地完成这一要求。

4 管理工作

对他人的工作进行管理的活动,本质上是制定合同的事务。每一方都为工作什么、权限跨度和责任范围在哪里,以及业绩将如何进行考量的协议做出贡献。

我们所有的人都需要知道我们的角色和我们的责任是什么。对行动负责任的观点,处于经理和被管理者之间的这个合同的核心部位上。这个观点的意思是,每一个人都独自对他们自己做的事情负责,而不是对其他人以同样方式做的事情负责。

你的行动责任定义你的真实力量。它界定你可以让事物发生的范围。在你行动责任的空间里,你可以行使权威和自主权;其他人在未经你同意以前不能侵犯这个空间。

如何更好地管理人

定义工作

给某个人的行动责任做出定义是一件困难但有价值的事情。你可以与你管理的人坐下来概略地讨论一下你的工作。你可以询问他们对你的行动责任知道些什么,以填补你们之间的认识空白。分享这样的信息是为管理他们的工作做准备。

你可以立刻开始行动,也可以建议他们以同样的方式对他们自己的工作私下进行思考,并做一些笔记。在这两个步骤上,要求他们问自己这样一个问题:"你在工作中做什么?"答案必须是诚实准确的。答案应当是特指的,并使用强烈的动词进行表达。传统的工作说明中有许多废话,它们不足以说明必须澄清的问题,为了避免这一点,对工作说明加以控制,并进行适当的管理。询问自己,为了确保、控制或管理工作,你要做什么?目的是为了获得强烈的、特定的答案。

这是一个不轻松的前景。你也许开始描述三个主要的责任领域,人们在这些责任领域中工作,它们是：

- [ ] 技术责任；
- [ ] 行政责任；
- [ ] 人事责任。

你也许可以更为详尽地发展这些领域。你可能已经适当地构建和定义了这些责任领域：它们可能被称为"关键结果领域，关键尺度或关键价值观"。在这里，重要的是不要受到术语学的妨碍；不同的组织不可避免地会运用不同的术语来表达相同的观点。

关键结果领域

关键结果领域是一个广泛的领域，我们在这个领域里履行我们的责任。它们还是我们定义目标和目的的领域。对任何特定的工作来说，关键结果领域一词由它的全部目标——它之所以存在的理由——以及组织的更广泛的行动来决定。你要运用的目标以 4~6 个以内为宜。

关键结果领域：比较

下面是一些不同的组织采用的关键结果领域：

□ 质量、产出、成本、时间、材料、顾客（食品加工）；

□ 股东价值、产品质量、人的素质、顾客满意度（自动化制造）；

□ 质量、成本、期限、正点、顾客服务、安全（公共汽车公司）；

□ 领导和个人、质量、顾客服务、伙伴关系、团队工作（住宅协会）。

当然，定义关键结果领域的词汇可能在不同组织之间本身就是不同的。重要的是，你和任职者双方都能清楚准确地理解它们的意思。

4 管理工作

现在,让我们来设立人们必须在其中每一个领域履行的特定责任。欢迎提出任何观点并对它们进行讨论。在这些观点中,你对工作的看法也许与他们有所不同。你可能感到他们夸大了一些行动,而低估了另一些行动;但是,他们无疑会感到——具有非常好的理由——自己对工作的理解比你的理解更深刻和准确。讨论无异于一次对话,目的旨在达成协议:对某一个人的行动责任、它们的优先顺序,以及它们应当被履行的方式的理解达成共识。

业绩标准

一旦你确定了工作承担者的行动责任,你就要判断它们的业绩是否可以被接受的标准。业绩标准建立在这样一个水平上,你们双方都认为这项工作是在可接受的层面上发生的。不要把业绩标准的概念与目的混淆起来,目的是特定的目标所指向的东西。目的与个人相关,一般是短期的;业绩标准与工作相关,一般具有更长的期限。

如果你不能建立业绩标准,工作承担者就会发现自己难以了解期待他们的是什么,以及他们应当如何行事。你们双方都要认同这些标准。

如何更**好地**管理人

建立标准

你可以在六个领域里建立标准:

☐ 数字的:销售和生产数字、次品率、文字流程、访问者比率;

☐ 最后期限:项目完成期、邮件周转期、法定时间限制、定期会议日期、接电话的时间;

☐ 财务:制定预算、完成盈利预测、库存量、成本减少率;

☐ 程序的:完成项目的步骤、联络系统、在正常操作上花费的时间;

☐ 消极的:抱怨的次数、同事的反馈、取消;

☐ 可认识的:对顾客的工作方法、压力的标准、会议上的介绍、房子的风格。

业绩标准必须客观。换言之,你应当能测量或至少能辨认它们。它们应当包括质量和数量。建立质量业绩标准异常困难。测量热线服务的接线员在一个小时里所接电话的数量非常容易,但是,要评估他们做出的回话的质量标准却远非易事。一些工作的性质使它们的业绩标准比较容易测量;而另一些工作,例如,法律、教育、医疗或研究方面的工作,就难以轻易地对它们的业绩水平进行评估。然而,对双方都可接受的工作方法、行为水平或结果标准进行评估应当是可能的。

工作描述

所有这些分析的结果都是对工作的描述(或者对工作的说明)。大多数的工作描述具有一些共同的要素:

- □ 工作名称:场所;对谁负责和由谁负责;
- □ 总目标:工作存在的理由;
- □ 关键结果领域;
- □ 业绩标准。

如何更好地管理人

把这些都写下来有助于我们更好地进行思维。我们以含糊的言辞表达的行动如果改用文字的形式就能更好地被定义。帮助你的团队成员构建他们自己的工作描述，这是一种有助于他们阐明自己的工作的有力方法。

一些经理把工作描述视为一件浪费纸张的事情。这些工作描述一旦被完成，就立刻成为过时的东西。他们的看法是对的：大多数工作都在快速地发展，关于它们的任何定义可能很快被新的事件超越。你应当把工作描述视为动态的文件，应当不断地对它进行更新。你可以把工作描述思考为竞选计划：规划出区域，设定出人的业绩期限。但是，如同所有的计划一样，它需要经常被修订。艾森豪威尔总统曾经发表过一句著名的话："计划是无用的，但是，计划是不可缺少的。"

建立目标

目标是工作承担者需要在例行工作之外完成的优先的或特殊的任务。它们与相关的个人特别有关。你可能很少回顾业绩标准——可能一年一次——但是却会频繁地建立目标,并且更频繁地改变目标。

为什么要目标?

"得到测量的事情才会去做"。这个简单的、至今已经被说滥了的话具有双重意思:一方面它说明建立目标是合理的行为;另一方面又提出不要依赖它的警告。目标具有的无法抵抗的优势是,它能激励人们创造好的业绩。我们在第二章里把目标视为:

- ☐ 目标指引我们的注意力。
- ☐ 目标调节我们的努力。
- ☐ 目标使我们更加坚定。
- ☐ 目标帮助我们制定计划。

目标(目的的另一个名称)给予我们一些旨在实现的事情,以及考量我们成功与否的事情。这意味着目标有助于人们:

如何更好地管理人

- 发展；
- 制定计划；
- 当环境发生变化时对优先顺序做出改变；
- 随着时间推移，改善他们的业绩；
- 弥补"滑动"；
- 创新；
- 完成项目；
- 探究新的环境；
- 执行新的政策；
- 挑战他们自己的高期待。

不过，目标还能限制人们瞄准行动的注意力。为了专注于实现自己的目标，你可能会忽视工作的整个领域，这种情况完全有可能发生。最典型的例子是，强调数量的目标威胁着质量领域（质量领域的目标可能更难以建立）。

我认为，没有目标的危险大于建立目标的危险。成功的、有效的人都朝着目标努力工作。缺乏目标在下面两种情况下必具其一：要么缺乏关注，要么是善意的无能。

我们需要建立明确的目标。它们应当反映出整个组织的大目标，并且与这些大目标保持一致。团

4 管理工作

队目标应当逻辑地转换为个人目标。人们对他们制定的目标做出认同和承诺是非常重要的，因为目标反映出他们行动责任的全部范围。

介绍目标

"询问做这件事的人"。质量运动之父戴明曾经如是说（我可以肯定他所说的"人"里也包括女人）。当你介绍目标时的黄金法则是，你应当咨询工作承担者。没有你的团队的合作，你几乎没有完成自己的目标的希望。你可能具有建立工作承担者的目标的责任，但你还是应当向他们询问他们对如何完成目标的看法。

咨询在四个方面有利于改善质量：

□ 咨询能帮助我们制定更精确的目标。工作承担者比你知道得更多。他们对目标是否合理具有良好的观点。

□ 咨询能培育合作。即使工作承担者对你建立的目标是勉强接受或持怀疑态度，咨询他们——给予你做出决定的理由——更可能促使他们对目标做出真诚的承诺。

如何更好地管理人

□ 咨询能增进参与。假如目标在他们的眼里是现实的,工作承担者对工作更可能采取主人翁精神。

□ 咨询能保持良好的雇员关系。与个人就他们的目标进行咨询,能有效地符合你与工人代表之间的分歧,无论他们是工会组织性的,还是非组织性的。

要求人们接受目标的观点是微妙的。目标可能是组织中更大的变化方案的一部分,有些人可能会把它视为最新的"管理时尚"。一些专业人员可能传统地对建立目标抱敌对态度,把目标视为对他们的实际工作的分心。例如,研究已经证明,教育和医疗这两个领域的从业人员对目标具有很大排斥性。在其他文化和专业中,目标或多或少被视为"下品市场(downmarket)":有失体面和人的尊严。总有一些人争论说,他们的工作不能建立目标,因为他们的工作性质完全是被动反应式的:比如说,接待员或流水线上的单元工人,他们的活动几乎完全取决于外部因素。

然而,还有一些愤世嫉俗的人可能反对建立目标,因为:

□ 他们被迫更努力地工作而没有额外的工资;

4 管理工作

□接受目标意味着，当自己出现差错时，不可避免地会受到责备；

□这些新制定的目标侵犯原来建立的协议；

□由于不得不做一些毫不相干的事情，他们的时间正在被浪费；

□管理的球门的门柱被移动了一次又一次。

你如何使不相信者确信？至关重要的是，让人们确切地知道他们的贡献会影响更大的目标。如果他们能看到自己的工作是推动更大成就的推动力的一部分，他们很可能会明白自己的目标的意义。

记住对话的一些基本法则。与仅仅告诉工作承担者应当期待什么相比，提出询问，聆听回答，可能使你掌握更大的说服力。也许可以通过询问如下问题开始："你如何看待一个良好的工作周？""列举出4~5件你测量或评估成功了的事情的名称"。

只有最顽固的愤世嫉俗者，才会声称他们对工作中是否有成就根本无所谓。大多数人都希望做好工作。大多数人希望有所贡献。揭示贡献的本质是，使他们确信目标的利益的关键。人们的成功经验几乎总是以某种形式与组织的目标联系在一起的。你应当能够根据你为他们的工作建立的关键结

如何更好地管理人

果领域,评价工作承担者的答案。

打消他们的疑虑,使他们确信这不是一个机械的活动和运动,不是权宜之计,而是建立对未来的观点、改善每一个人业绩的真诚愿望。我们中没有谁能轻易地实现我们的目标;有时,我们几乎是侥幸地击中目标。因此,存在着持续地回顾目标和调整目标的需要。我们必须非常坦诚地对待被称为"移动球门门柱"的情况,因为我们生活在一个球门门柱不断变化的世界里。

如何建立目标

从理论上说,建立目标开始于最高层管理团队,结束于没有管理责任的那些人。但是,在建立你自己的目标以前,等待更高层次的目标被建立可能是危险的。你可以经常调整你自己和你的团队的目标,并把该目标作为来自于更高管理层的目标的一部分。

从你自己的目标开始,决定谁应当参与到这一活动中来。辨别关键的操作者以及他们的目标必须被建立的关键结果领域。

许多人都知道,SMART 的字首缩写的意思是

应用目标。你要建立的目标就如同一张设计优秀的检查清单。确信你的目标是:

建立目标：关键的问题

☐ 在即将到来的时间里，经营中最迫切的事情是什么？
☐ 谁参与其中？
☐ 我必须亲自做的事情是什么？
☐ 团队必须做的事情是什么？
☐ 我们必须要求他人做的事情是什么？
☐ 需要采取的特定行动是什么？什么时间？
☐ 做这些事情由谁来承担行动责任？
☐ 我们的目标将支持组织的哪些目标？
☐ 我们必须支持的顾客目标有哪些（内部的和外部的）？
☐ 为了实现大目标，我们必须建立哪些子目标？

如何更好地管理人

- 特定的（Specific）；
- 可测量的（Measurable）；
- 可实现的（Achievable）；
- 现实的（Realistic）；
- 与时间相关的（Time-related）。

做一些文字工作。你只需要在一张纸上记录下所有的目的和目标，你可以用它来开发能力和制定发展计划。保持两份附件：一份给自己，另一份给工作承担者。

你可以采用某种形式，把它简单地思考为帮助你和工作承担者记录成就和讨论的工具。让人们快速地记下它，如果他们希望这样做的话。它不是一个正式的成就记录：它是他们的管理工具。在每一次回顾或评估以后，你可能希望开始新的目标形式。

经常询问问题

在制定目标方面还是新手的经理，似乎需要询问五个主要的问题：

4 管理工作

多少目标?

不同情况有不同变化。如果你建立的目标超过六个,你可能就无法全部实现它们。你建立的目标的数量,将对完成它们的难度和你为完成它们花费在工作上的时间产生影响。你没有必要严格地让它们涵盖所有的关键结果领域,只向具有最大需要的领域努力。

多少细节?

你的目标应当足够精确,以避免日后引起争论!但是,你也许不能很好地表达你的方法和目标,那么让工作承担者主动来承担它。

每一个目标需要花费多少时间?

不存在不可思议的时间限制。你应当思考转换的最后期限。我们中大多数人只能在期限内完成一个主要目标。如果工作承担者正在试图一次击中若干个目标,他们的工作质量就可能受到损害。

时间跨度可以是任何一种形式,从一天到一年。长期目标也许会被称为大目标。较短的时间限制则可能更有利于鼓舞热情和活力。在第一线经理或督导的层面上,思考的时间限制一般在两周到两个月之间。

目标的难度有多大?

制定目标的主要理由之一是它们向人提出挑

战,并使人得到拓展。但是,不应当使它们太艰难,以至于工作承担者感到不可能或不公平。重新阅读一下第2章里关于目标的有关部分。

在建立困难的目标时,你也许需要降低工作承担者的热情度。我们中一些人会迅速地欣然接受挑战,而不久却会感到后悔莫及——他们是我们身边能分享我们的不愉快结果的人。

回顾目标:关键的问题

□在组织的更大目标上,这个目标的意义是什么?

□这个目标是否紧迫?

□这个目标描述得清楚吗?

□这个目标的可测量性如何?我们能准确地、适当地测量它吗?

□实现这个目标会创造真实的结果吗?抑或它仅仅是一个行动描述?

□这个目标的延伸性如何?

4 管理工作

怎样改变目标?

你需要具备灵活性。不要在没有很好的理由时,或者没有让工作承担者知道这些理由以前轻易地改变目标。

外部因素会改变目标的优先顺序或可测量性。如果你正面对一个问题,作为一个经理,你的任务是找出克服这个问题的方法和行动,并对你的目标进行排序。特别值得注意的是,不要让目标处于危机中。但是,即使你们双方认同的目标都出错了,也没有什么可大惊小怪的。重新评估情景,并把事情做对。

能　力

目的和目标是工作的"产出"。它们是"要做的事情"。能力是工作的"投入",是"如何做"的技能。人们把能力带进工作中。理解工作中能力的必要性是把工作做好的一个重要因素,它为对人的管理的第二要素做好准备:如何发展它们。

能力是一种行为技能。你可以证明能力;当能力成功的时候,它是清楚的。能力可以被看见、被评估和被修改。它们不是特征,也不是个性特点,它们二者都不是态度的测量。

　　能力越来越吃香,但是,我们却经常不能正确地为它们做出定义。我们能定义广泛的能力——比如说,"安全地驾驶汽车"——通过把它们分解为更小的单元,更专业的技能,例如,"在行驶中换挡","在不违反交通法规的前提下迂回行驶",等等。许多能力无法用简易定义来说明。它们中大多数严重地依赖于敏感原则的精微应用。因此,许多关于能力的陈述和清单倾向于涵盖知识、理解力和个人品质等要素。在这些重要的领域里,能力可能变得模糊不清,因此,我们必须谨慎地对待它。

　　有许多咨询顾问和教材可以帮助你定义和辨别能力。不过你也可以从相关工作的关键结果领域入手。大多数工作要求在 10~20 之间。目标和能力总是紧密地联系在一起。如果工作承担者重复地错过期限,遗失文件,他们就可能缺乏制定计划的技能。如果他们持续地触怒顾客,他们可能缺乏人际关系或关心顾客方面的技能。评估技能始于评估工作承担者实现业绩标准必须具备的能力,以及他们为实现特定目标时可能完成的技能。

　　发展能力绝对不能依赖公司制定的"克隆"发

4 管理工作

展战略。行为总是抵制被标准化,并且依赖于人们对它的评估观点。你必须能够广泛地认同能力所意味着的,无论它们是否能被证明的一切东西。

典型的能力(源于食品制造行业的调查)可能包括:

- □ 制定计划;
- □ 解决问题;
- □ 预算控制;
- □ 建立目标;
- □ 面对面交流;
- □ 书面交流;
- □ 发展员工;
- □ 团队建设;
- □ 顾客关系;
- □ 自我发展。

要注意这些能力是如何反映以行动为中心的领导模式和五路管理模式的,以行动为中心的领导模式包括:实现目标、发展个人、构建团队;五路管理模式包括向上的管理、向下的管理、横跨组织的管理、组织之外的管理,以及管理自己的责任。就每一种能力而言,经理可能在 1~6 的范围里被评估,评估的结果为"不完全胜任的"、"胜任的"或者"非常胜任的"。

定义能力

下面是一个与定义能力非常密切的例子。它源于咨询顾问对一家零售公司的经理进行的调查方案。

制定计划和预测

要成为一个胜任的经理必须能够:

□处理和理解管理数据;
□对自己控制的所有资产承担责任和义务;这包括:
□使部门需要与公司的总需要保持平衡;
□在资产、财物、厂房、设备等资源的使用上有所创新;

4 管理工作

　　□追赶其他必须提供投入以获得要求的结果的部门。

　　产生最佳业绩的经理是这样一些人：

　　□能辨别需要和被要求的资源；
　　□能实施计划和控制工作；
　　□对员工发展做出决策；
　　□使停工期、对顾客造成的不方便和降低的收入最小化；
　　□制定计划，实施中长期战略；
　　□认识决定的意义和决定的击打效应；
　　□把总目标和标准转化为个人目标。

　　显然，评估能力可能会轻易地流于形式，成为没有意义的填空练习。为了把工作做好，我们必须认真地定义经理的能力，仔细地监督他们的业绩。

如何更好地管理人

回顾业绩

业绩回顾是一个许多经理不愿意对话的话题。可能是因为这个话题产生不愉快——或者过于强调你的权威的需要——的可能性太高了。这样的经理可能要求提交书面月度报告来替代面对面的对话。他们可能会以提出"月报"能给予他们一个永久性的记录并可以节省时间的说法,来证明这种做法的正确性。在大多数情况下,要求书面报告仅仅是不敢面对自己的责任的一个托辞(他们的做法迫使他们的"直接报告者"把大量的时间花费在没有必要的文字工作上)。

作为经理,与工作承担者一道回顾业绩是你的工作的一个基本组成部分。那些向你报告的人们,将期待你依据标准和目标检查他们的成就。如果你的团队的任何一个人理由充分地声称"我的经理甚至不知道我做了什么",这说明你没有履行回顾他们的业绩的基本责任。

你应当与你为他们建立目标的人一道讨论你监

控业绩的方式。没有谁会对此感到惊奇。确定监控的数量是敏感的和可判断的：它是不容易被定义的能力的一个良好例子。在给予他们自由与密切注视他们的工作之间，你需要建立和保持平衡。

业绩回顾不仅仅是测量。你需要明确目标是否得到了实现——你正在帮助建立合理的目标。你还在监控所有人的所有业绩。你不能仅仅要求他们交几页纸的报告就认为完成了业绩回顾工作。你需要与他们进行对话。

同时，你在一年时间里仅仅进行一次业绩回顾是远远不够的。业绩回顾有三种主要的形式：

- □ 走访工作；
- □ 一对一回顾；
- □ 正式的评估。

一个胜任的经理将全部完成这三项工作。业绩回顾的形式将依据不同的情况而有所改变。

走访工作

你应当与下属保持联系。你应当被他们视为乐

如何更好地管理人

意保持联系的领导。你与你的团队之间的经常接触和你保持与顾客和供应商的接触一样重要。

我们称呼这一方式的传统行话是"走访工作"。它意味着安排时间去访问团队的工作，非正式地与他们在一起呆一段时间。这种工作方法为你提供了一个宝贵的机会，下属可以借此机会向你反映有关问题、观点和成就；你可以实地观察他们是怎样工作的，体验发生在刀刃上的问题。

对你而言，走访工作是你发展自己的领导技能的机会。它让你直接与工作承担者接触，使人们能够直接向你提供他们的想法。它还能为你建立一个饶有兴趣的、负责任的、平易近人的和宽容的声誉，给予你感谢和赞扬人的机会。总而言之，它使你能直接监控工作承担者的业绩以及他们的工作状况。

通过定期走访工作，你可以快速地建立"你就在那里进行管理"的期待——不需要再核对、秘密侦察，或者去寻找某人的错误证据。它是在你和你的下属之间建立信任的一个途径。

一开始时，走访工作可能使人感到有一点窘迫和虚假。在这样一种非正式的管理活动中，似乎难以放弃刚性的规则，但是，少数几个简单的原则，便足以帮助你把走访工作转换到你的核心管理活动中去：

4 管理工作

走访工作:例子

　　我女儿学校的校长是一个通过走访工作,最大限度地发挥自己领导影响的杰出范例。他极少待在自己的办公室里。他每天早上和傍晚都在走廊上走动;他知道热点,喜欢在热点现场给予帮助。他可能会在任何时候走进一个教师的房间。他的团队期待这一点,并欢迎他这样做。他们知道他相信他们的工作是卓越的,并总是在他们需要的时候给予全力支持。他们还知道他在监控他们的业绩,准备给予他们一些帮助和建议。他的管理风格是开放的、诚实的和信任的。他通过走访进行管理。

- [ ] 定期地做它;
- [ ] 诚实;
- [ ] 积极的。

如何更好地管理人

走访工作：做和不做

做：

☐ 留出一些时间到工作现场去；
☐ 当你说要做的时候，立刻着手进行；
☐ 清楚地表明你去那里的兴趣和理由；
☐ 适当地强调——你可能正在深入走访工作的各个领域；
☐ 在一个明确的时间里做出覆盖所有责任领域的计划，特别是你的团队工作中包括外部顾客参与的领域；
☐ 预先找出是否有任何特殊兴趣的话题，或你要面见的人关心的问题；
☐ 把自己介绍给新来的团队成员；
☐ 每一次都与不同的团队成员说话；
☐ 在整个走访时间里与所有的人说话；
☐ 首先提出有关工作和顾客的问题；

4 管理工作

□积极的和鼓励的；

□打招呼时用人的名字而不是姓；

□对抱怨做出同情的反应，但是把它们把握在交谈中，以寻找解决的机会和行动；

□在追究问题时有一个严格制定的程序；

□在他们的工作场所而不是在你的办公室举行定期的会议；

□说出你的想法：你的人期待你的领导；

□聆听和微笑。

不做：

□总是与同一个人说话；

□应当首先由一线经理对提出来的问题进行回答；

□让个人把过多的精力消耗在潜在分裂的问题上；

□对你不能肯定是否正确或者你是否必须保守机密的问题发表意见；

□似乎是缺点发表意见；

如何更好地管理人

> □ 在每一次访问时都要挑选工会组织的代表进行个人交谈；
> □ 似乎是急于前进的；
> □ 不公正地或不成熟地提出对人的期待；
> □ 当着众人的面批评一个人；
> □ 告诉别人做什么；
> □ 与你的一组同事一起进行走访。

根据目标监控业绩

确保你与每一位团队成员开展一对一的定期对话：回顾目标、监控活动、使反馈格式化。与你在走访工作时进行的交谈相比，这些是更正式的对话。你应当至少每个月进行一次这样的对话，最好是两个星期一次。

在你每天进行的非正式交谈和最正式的回顾——评估之间，自然地建立这种形式的业绩回顾。这种业绩回顾通常是年度的，它经常会退化成官僚主义形式。评估给予你和工作承担者一个回顾较长一段时间的进步的机会，但是，平常更频繁的一对一交谈的效果也许更好一些。

4 管理工作

这种半正式的对话能从 WASP 原则的构建中受益,我们在第 1 章里曾经讨论过的 WASP 原则的构建:

□**欢迎**工作承担者,并请回顾一下你们在工作中的相互关系。

——在上一星期或更长的时间里成功的方面有哪些?

——目标是否已经实现?如果是,我们从中学到了哪些经验?

——是否有什么目标没有实现?

□**获得**工作承担者在任何非正式交谈中没有机会了解的新信息。记住:这一部分对话也是你评估可能性的一个机会:事情可能会出错,它们可能得到什么样的改善,隐藏在表面之下的工作承担者的感觉可能是:

——如果目标没有得到实现,为什么?是由于工作承担者的失误,还是由于你那一方面的原因?原因可能是工作承担者把工作拖延得太迟了,或者被事件所压倒;你可能建立了不适当的目标,没有提供足够的资源或没有清晰地说明目标。

——与更日常的工作部分相比,工作承担者正

如何更好地管理人

在如何做?是否有什么标准是浮动的——或者是过度的?

□ **提供对更广泛问题的更新信息**,这些问题可能会影响工作承担者的工作:现存的目标以及参与的新机会。

——我们是否应当对没有实现的目标延长期限,以便找到可替代的方法或完全降低目标?

——是否意味着在新的问题出现时我们需要建立不同的目标?

□ **总结**,这包括表彰成就,感谢工作承担者持续地承诺和认同任何新的行动要点,以及在下几个星期里需要特别注意的问题。

——你认为总结应当如何进行?询问他们的意见。找到未来的前进道路。

评 估

评估是最正式的业绩回顾。它通常由较大的雇员管理计划组成,通常由人事或人力资源部负责管理。一些组织建立了非常好的评估制度,而另外一些却几乎从来没有听说过。评估主要可以带来三个方面的利益:

4 管理工作

□评估有利于工作承担者。它给予工作承担者讨论工作的方方面面的机会,深入地说,可以缓解和释放他们在日常工作中的压力。它可以向工作承担者阐明他们是如何持续地对团队、部门和更大范围的组织做出贡献的。由于评估提供了工作中所期待的清晰方向,使工作承担者成为制定自己的工作和未来计划的参与人。在正在成长和不发达的背景下对能力进行考察,是一项长期的、艰难的工作。评估还使工作承担者能反映和讨论其他人对他们的工作的影响——当然,特别是他们的经理!根据永久记录系统,定期的评估应当使工作承担者的生活和工作变得更轻松,如果你——他们的经理——想不断前进的话。最后,评估是创造行动计划和减少工作承担者的工作量的主要机会。

□评估有利于经理。它给予你严肃思考你如何管理工作承担者的机会。你对他们的期待是什么?你是否尽可能地利用了他们的精力和能力?你是如何帮助他们的?什么样的培训是有效的?工作承担者的渴望是什么?评估使你能够以任何开放的方式讨论问题,成功地对问题做出回应。评估是加强自己对工作承担者的管理关系和你的经理职位的机会。它能够帮助你辨别技能上的不足,做出改善和

如何更**好地**管理人

替换的计划。因此，与工作承担者一样，评估是你发展自己的一个重要机会。

　　□评估有利于组织。评估系统是组织对它的雇员的看得见的承诺。它表明组织希望让人们参与到他们自己的工作中，关心他们的士气。它还潜在地表明，雇员将在相处中得到尊重。评估有助于组织为项目、未来资源需求和提升（或"成功"）制定计划。运用得当的话，评估能帮助改变僵硬的组织结构，削减重叠层面，加强对虚弱和混乱的领域进行管理，影响政策。

　　你可能发现，操作管理一个评估似乎是经理责任中最令人畏缩的一项任务。一开始，你可能不喜欢面对面地评估一个同事的建议，仅仅是由于存在潜在的阻碍和敌意，就足以使许多经理看不见隐藏在评估后面的更大利益。

　　评估的基本要素是鉴定业绩和报告业绩。评估不是根据标准简单地测量业绩；它是技能性的业绩鉴定。它是人的活动，不是机器的运作：它包括判断力、辨别力（该词的最准确的意义：识别不同环境和因素，并对它们进行思考的能力）以及灵敏性。作为一个经理，你需要做出判断，并与工作承担者进行沟通——可能还需要与其他人进行沟通，以便每一个人都能清晰地理解评估，并发挥各自的作用。

许多现代评估系统都包括了自我评价的要素。这使得工作承担者通过持续地记录下自己的观点，越来越多地参与到评估过程中。评估中其他创新包括同事评估——通过团队而不是单个的经理，以及360度评估，它通常意味着工作承担者——或作为一个整体的团队——能够评估他们的经理。逻辑地说，这样的评估形式可能延伸到顾客：定期地或随机地在组织的内部和外部保持联系。在实践中，这可能意味着在监控中心设立监听电话，或者请求顾客填写满意表。工作承担者可能发现自己正在进行的工作、正在执行的工作表或考勤表，甚至在由咨询管理顾问提供的外部评估系统的不同基本面上被评估。

你可能还必须考虑你的组织采用的评估制度。它的范围涵盖了从根本没有评估制度，只有一年一次的非正式闲聊的传统，到填写表格的开张仪式和工资奖金的划定等级的广泛领域。你也许还必须对更广泛的对待评估的回答和态度进行管理，对存在于某些特定的部门和专业做出评估。教学就是一个专业的例子，在这个领域里，评估已经成为重大的政治问题。

使评估出错的是什么？

下面是评估过程中的主要危险点，任何一个经理都可能面对这些问题。认识到它们，你就能为更有效地管理评估做好准备。

☐ 消极的偏见；
☐ 缺乏对工作承担者的了解；
☐ 缺乏对工作的了解；
☐ 晕环效应：仅仅因为喜欢工作承担者，或与他们熟悉；
☐ 不能从工作周围的环境中区别业绩；
☐ 在工作定义、评估标准或判断标准中，区别经理和工作承担者之间认知的不一致；
☐ 使所有的人"仅仅高于平均数"；
☐ 忽视评估的结果：比如说，对改善资源、培训或程序做出了承诺，但没有任何实际行动。

4 管理工作

评估制度一般可以是三个主要类型中的一个：

□划分等级或成绩评定。这个方法通常包括列出确定的标准，然后评判等级：例如，优秀、很好、好、一般、差。不同方案的标准有很大差别：样板可能包括可靠性、动力、灵活性；或诚实、交流、主动性、合作精神、正直。它们可能与工作所要求确定的能力有关。你和工作承担者可能还拥有选择评判业绩标准的权力。

这一方法有许多不足之处：它是保守的，迫使工作承担者站在反应的位置上，非常容易受到主观判断的伤害。如果评估与工资考察相关，你可能受到某种诱惑，在你的评估中过分慷慨。

□由于它是一个很容易使用的方法，因此它容易让经理在对人进行评估时变得更随意、更懒散。划分等级通常反映的是经理和工作承担者之间的关系，而不是工作承担者的实际成就。

如果你发现自己在使用划分等级制度，你就应当建立这样一些目标：

——用书面意见支持你的等级标准；

——定义标准以及评级时使用的文字和数字；

如何更好地管理人

——考虑工作承担者的意见；

——使他们同意你的评级方法，而不是迫使他们接受；

——拓展你的业绩回顾，以便使等级划分成为其中一部分；

——把你的评估与工作承担者的业绩而不是个性联系起来。

□书面评估。在书面评估和简单的等级划分之间的最大差异是，你必须用文字写出你的评估意见，而不仅仅是打出分数或填空。书面评估最大的优点是，你可以对自己希望说的东西以及如何说它进行最充分的思考。这个制度的主要缺点在于，它可能"变味"，你可能把注意力集中在如何更好地显示你的文笔水平，而不是工作承担者的业绩上。操作这一制度的经理，经常错误地把他们的微不足道的能力写得天花乱坠。当然，那些评估依然取决于你对定义业绩的标准的选择，以及你对判断业绩的价值观的选择。没有预先确定的划分等级的分类，这些标准就可能成为更为主观的东西。你可能还受到背着工作承担者书写评估的诱惑——因而使整个评估过程的处理变得毫无意义。

如果你正在运用书面评估，你就应当建立如下

4 管理工作

目标：

——使你的评估成为特定的和符合实际的（得到客观证据的支持）；

——使你的评估标准更透明；

——把你的评估建立在与工作承担者对话的基础上；

——在对话前，为工作承担者提供思考某些关键问题的机会。

□整合业绩管理。这也被称为"目标管理(MBO)"。为了使与主观判断相联系的问题最小化，一些组织已经把评估纳进业绩管理的更大系统中。这样一个系统的优点是，评估更加清晰地与工作说明、组织目标、个人目标、发展计划和奖金工资制度联系起来。

这种整合系统可能遇到的危险是官僚作风。评估保留着个人判断的色彩，那些试图使这一过程必然地制度化的人，希望做出与实践尽可能一致的判断报告。结果是不可避免地使文字工作大量增加。

如果你正在一个较大的业绩管理系统中进行评估工作，你就应当建立如下目标：

——尽可能全面地理解这一系统；

——清晰地理解所有的判断标准以及任何划分

如何更好地管理人

等级的尺度；

——根据认同的尺度和标准判断业绩；

——了解评估中的判断方式（包括你自己的方式，或通过书面意见）；

——让工作承担者参与到评估的所有方面中；

——评估工作而不是评估个人。

评估经常因为与薪金有关而受到伤害。产生这样的问题，是因为感觉的联系可能转移你和工作承担者双方对要评估的真正事物的注意。它甚至可能威胁对话的开放性和诚实性。你可能受到为了避免冲突而急于做出判断的诱惑；工作承担者可能为了在下一次工作中获得更多的奖励，试图对他们的目标讨价还价。

应当把工资的交谈与评估分离开来。工资是对过去业绩和能力的承认；评估主要是关于未来的对话。如果你必须在评估报告中对工资提出建议，应当在业绩和成就的基础上，根据明白无误的标准，目标清晰地建立它。同时，不要忘记让工作承担者参与其事。

你需要认识你的组织采用的评估系统的独特的优点和缺点。在评估失败的地方——它的确可能失败,而且非常常见——可能是因为系统本身不严密完整,或者因为操作评估的经理对这一程序感觉不舒服。

操作评估

作为经理,评估会见是你进行的最重要的交谈之一。它必须包括我们在第 1 章里已经讨论过的所有对话交谈技能。同时,你和工作承担者为会见做好充分的准备也很重要。

为会见做准备

你应当研究工作承担者的工作描述,以及你们已经建立的业绩标准。如果目标已经建立并得到了定期回顾,就要仔细地对这些目标进行思考。在这一阶段需要询问的问题是:

☐ 工作承担者已经达成的结果是什么?
☐ 工作承担者在哪些地方已经超越了我们的期

如何更好地管理人

待，或者表现出真实的进步？

□ 没有实现的结果有哪些？你是否能说出原因？

明确地告诉工作承担者你正在做准备，并请他们以同样的方式做准备。

要求他们——最好是预先——在评估期间对自己的工作业绩进行思考，注意成功、失败，以及介乎成败之间的任何事情！要求他们思考在普通工作中，环境通常是如何影响他们的业绩，以及在实现特定的任务和目标时如何影响他们工作的。工作是否已经改变？他们是否认为工作描述应当被回顾？工作承担者还应当思考工作发展的可能性：更大责任的变化，培训或一些其他类型的学习计划——也许为了取得某种资格。他们的雄心和抱负是什么？要求他们思考自己曾经在这一期间如何被管理，以及你作为他们的经理，他们可能乐意看见你在业绩上做出了什么样的改善。

成功的评估的本质是两种观点的比较：你的观点和工作承担者的观点。你的目标是分享理解：关于工作承担者的业绩和未来潜力的协议。如果缺乏高度的互相信任和尊重，对话不可能取得成功。这

4 管理工作

是你作为一个经理应该做的诸多事情中的重要部分。如果你的组织文化并不看重这些素质，评估将难以进行，甚至可能弄巧成拙。

工作承担者的检查清单

你可以为工作承担者提供这样一份问题清单，帮助他们在评估会见以前先评估自己的业绩：

1. 你能确定工作的分界面吗？

——与其他行动责任是否存在任何交叉？

——你自己的行动责任是否存在任何不确定性：你对应当承担责任或不承担责任的哪些地方不确定？

——你是否认识到存在着任何人都不必负责任的领域：似乎谁也不必负责的地方在哪里？

2. 你是否明确自己的权力?

——你的权限在哪里?

——这些限制是成问题的或困难的吗?

——你希望在哪些方面拥有做出决定的更大权力?

3. 你最近是如何做的?

——你是否达成了业绩标准?

——你是否实现了你的目标?

4. 阻碍你的业绩的因素是什么?

——外部的环境?

——其他人或团队?

——预算的限制?

——行政管理资源(缺乏还是低劣?)

——交流困难?

——知识缺乏?

——物质限制:通路、办公空间、落后的办公设备……

5. 你是否充分了解自己的目标?

6. 你下一步想做什么? 发展、抱负、培训、新的挑战……

7. 你需要什么样的帮助？它们来自什么地方？特别是，你的评估经理是否能进一步帮助你？团队如何提供帮助？

准备评估：10个问题

☐ 你是否准备充分了？
☐ 你是否检查了记录？
☐ 你是否检查了实际业绩？
☐ 你是否设计出了主要的问题？
☐ 它们是开放的吗？（运用为何、如何、何时、何处、何人和何物）
☐ 你是否有一个战略框架？你是否在必要时改变它们？
☐ 你是否留出了足够的时间？
☐ 你是否尽力使空间舒适一些、没有压迫感？
☐ 你是否准备好了记录下要点的纸和笔？
☐ 你是否提供了不要被打扰的标志？

如何更好地管理人

作为经理,你具有确保高质量的评估会见的责任。安排适当的场地和时间长度,为将要进行的交谈做准备。

会见应当在舒适的私密空间进行,分心和干扰应当最小化。你的办公室可能不是能使工作承担者完全放松的场所。考虑如何布置家具,使它们表现出鼓励对话所需要的支持和合作的气氛。

你如何管理自己的评估时间表?安排充裕的时间——特别是如果你猜测可能需要做出特殊评估时。你在这一天时间里不应处理其他太多的事宜。系统可能有这样的要求:你必须在一年某个特定的时间里展开评估活动,这个要求可能导致评估工作量过于集中。如果你无法避免这一点,至少应更好地管理自己的时间,以便你在一天里评估的人数不超过两人。

进行会见

你正在举行一个充分的、开放的对话。它应当具有 7 个关键特点:

□ 它是私密性的;

4 管理工作

☐ 对话全部内容都是关于工作的；

☐ 会见是有结构的。从 WASP 模式开始，并在这一模式下进展下去；

☐ 对话的范围包括过去、当前和未来；

☐ 会见的结果将被记录在案；

☐ 对话是关于人际关系的：它包括工作承担者和经理双方；

☐ 对话产生出带有期限的特定行动和指定的行动者（不仅仅是工作承担者，而且还可能包括你自己和其他人）。

你可能由于进入对抗性对话，而在会见开始不久就毁掉评估。准备采用推论的阶梯，对任何潜在的争论进行更谨慎的事实和感觉检查。让我们在评估中采用有效对话的四阶段模式：

☐ 欢迎。为人际关系进行对话。回顾标准、目标、工作描述，以及你们双方都关注的业绩的任何方面。把它们联系在一起：进行比较，讨论已经实现的事情，以及还没有发生的事情。把讨论的焦点紧紧锁定在大家都知道的事实上，确定你们都认同它们。

你对工作承担者提出的问题可能包括：

如何更好地管理人

——自从我们上一次谈话以来，你对自己工作进展的感觉如何？

——你感觉自己做得最好的是什么？

——你面对的真正问题在哪里？

——与工作描述的相关性如何？

□获得。为可能性进行对话。从询问工作承担者的观点并暂时保留你的观点的对话开始。回顾实现成就可能和不可能的理由。从包括能力、技能、培训和外部环境等事宜的对话展开。

在这一阶段可能提出的问题包括：

——你的优势是什么？

——你认为开始发展的地方在哪里？

——你一直面对的特殊问题是什么？你认为自己能如何采取不同的方法处理它们？

寻找可能性，而不是做出封闭的判断。比如说，你不应该说："你对我们的顾客来说是挑衅性的"，而应该说："我们的一些顾客似乎感到你的行为具有挑衅性。你是如何考虑的？"以行为作为你的意见的基础。手头上应握有充分证据。准备从工作承担者的角度去重新解释证据。运用推论的阶梯。

□提供。为机会进行对话。这是对话中解决问

4 管理工作

题的部分。分析你发现的东西，关注行动、改变和改善的机会。产生可选择性。寻求对可以进行的事情的认同。你可能正在寻找新的前进目标、业绩标准，甚至是对工作描述的修改。

这一阶段的问题包括：

——为了改变我们的目标或标准，我们可能做什么？

——我们是否需要重写工作描述的任何部分？

——工作如何才能得到改善？你是否有什么意见？

□总结得出结果。为行动进行对话。你和工作承担者确定了你们的协议，清晰地理解这些行动将被记录和监控。

回顾为行动的对话的基本要素。记住：如果你提出请求，邀请他们思考答案，你将从工作承担者那里获得更多的承诺。

在会见过程中不要完成任何形式的表格，因为这太花时间，会让你把注意力从对话的真正议题转移到填写表格上。在填写文字时一定要小心，最好是在对话结束以后的其他时间里进行。你需要时间去整理自己的想法，在心中对它们进行总结。当然，你应当把已经完成的文字工作传递给工作承担者，让他们参与到任何改变之中。

确定你已经实现了你们在会见中曾经认同的任何行动：支持、程序改变、分配或培训。如果你做不到这一点，就可能损害你的权威以及降低评估程序本身的可信性。你将发现，下一次要想再得到他人的尊重和信任会更加困难，而尊重和信任构成了整个评估系统的基础。

辨别发展需要

对人进行管理的业绩是一个关于产出和投入的问题。产出指的是工作承担者为组织目标做出的贡献的那些东西；投入指的是工作承担者的技能和能力。

辨别工作承担者的发展需要因而是这两个利害关系之间的平衡：一方面是发展一个人，另一方面是对组织的未来进行投资。

人可以持续地发展。评估是你监控这个进程并关注于它的理想机会。在你开展评估活动时，心中应牢牢记住以下关键要点：

4 管理工作

□尽可能精确地辨别需要。

□尝试绝不谈论有关"弱点"的问题。它们是"需要发展的领域"。

□创造发展实践能力和新的能力的情景和机会。

□记住:不可能通过培训就能立刻实现所有的发展需要。如果必要的话,为员工提供教练和顾问。还有许多人们可以更经济、更轻松、更有效和更快地学习的其他途径。

评估对话的这一部分,可能会很好地引出更正式的培训需要分析或发展计划。我们将在下一章里对管理责任的整个领域进行思考。

处理低劣的业绩

在某些时候,你不得不处理低劣的业绩。每一个人都经常在平均业绩上浮动。通常我们可以容忍一些不良的业绩,但是,如果面对的是持续的或严重的业绩不达标,我们就需要采取行动,回避这一问题并不能使它消失。

被你视为低劣业绩的东西,不一定就是工作承

如何更**好地**管理人

担者的错误所致。事实上，在你发觉低劣业绩时，考虑给予承担者以责备是一种完全没有价值的举措。许多组织发现"耸耸肩"表示不满的"责备文化"，使管理者处于非常困难的境地。你可能发现自己已经被这种文化感染了——你也许已经成为它的一个牺牲品。当然，它可能真实地反映了处理不当的事实；但是，请记住，低劣业绩的环境可能是复杂的。一个有效的经理将更深刻地观察它，不会轻易地做出结论。

因此，你如何处理那些业绩大大低于你期待的情景？如果业绩不达标是习惯性问题，你怎么办？评估会见是处理这一问题的惟一机会。

首先，建立一个地图。没有达到的标准是什么？它可能是工作描述，但是，业绩的标准可能还包括如下：

- ☐ 雇佣合同；
- ☐ 规范手册；
- ☐ 培训手册；
- ☐ 标准表；
- ☐ 程序；
- ☐ 团队备忘录；

4 管理工作

☐ 培训会议；
☐ 对话记录。

有的人可能在处理标准的这些源文件时有许多困难，例如，程序不是最好编制出来的；备忘录经常不准确，等等。任何信息都可能被掩没或者无效地交流。

为了了解实际业绩的记录，你可以调查：

☐ 人事档案；
☐ 时间安排表；
☐ 病假和缺勤记录；
☐ 记录卡；
☐ 顾客意见簿；
☐ 工作差错例子；
☐ 差错记录；
☐ 与其他工作的比较；
☐ 未完成工作的事例。

其次，建立必需的标准并调查业绩记录。差距是否真的足够充分、足够一致，需要批准行动？

现在，你需要为业绩成就上的差距找出可能的

如何更好地管理人

原因。一些经理可能会提出，低劣的业绩是因为工作承担者不胜任（这个情况反映出培训问题），或者是他们不愿意工作造成的（这个问题可能关系到工资奖励制度——参见前面有关马斯洛理论的阐述）。当然，还存在第三种可能性：你本人。影响任何人的业绩的一个关键因素是他们的经理的业绩。业绩不达标迫使你进行详细的审查，以便你在更广泛的组织里对建立标准、认同能力和设计工作承担起责任。

不良业绩的理由

工作承担者为什么出现不良业绩，存在三个主要的原因：

□ 内部的环境。工作承担者可能不具有做这项工作所必须具备的技能。他们可能身体不健康，或者承受着由于家庭或个人问题带来的某些感情上的不稳定。

□ 拙劣的管理。工作没有得到充分的说明；非常糟糕的计划；工作可能由于对工作承担者没有任何意义而被改变；可能缺乏资源；规章制度可能松弛；物质条件可能使按标准完成工作变得非常困难；你可能低劣地管理工作——也可能由于其他经理的低劣管理。

☐缺乏组织的适配性。工作承担者可能在团队中是不愉快的，或者团队对他们感到不愉快。所谓的"个性冲突"可能成为业绩障碍，或者某个人的自然的正义感可能正受到侮辱。工作承担者的个性、道德、信仰或政治价值观可能与其他人是冲突的。他们可能缺乏自信心，或者不能接受团队的或组织的更广泛的价值观。

低劣的业绩通常导致某些形式的咨询需要。这时的咨询不是一个必需的复杂心理技术，他们仅仅需要一些建议。咨询仅仅帮助人找到自己如何克服问题的方向。你需要鼓励工作承担者思考他们处理自己面临情景的方式。只有他们自己才能够改变他们的行为。你的工作不是提供一个情景，除非他们要求你这样做。

把事情做正确需要的是以正确的音调说出正确的话。如果对话需要变得更正式，例如，评估中的对话，你可以采用"四部分结构"帮助自己达到目的。

如何更好地管理人

□关注问题。询问工作承担者是如何看待这些问题的。这与寻找疾病的症状不同。你必须与他们一道建立起一张存在问题的地图。尽量使它清晰化,这是你作为他们的经理所必须处理的一个问题,你被寄予了向他们提供帮助的希望。

□询问他们是否理解问题的性质,以及他们是否能提供任何说明。询问他们对这些问题性质的感觉如何。对下面这些问题仔细地聆听他们的意见。我们建立的目标是否正确?标准是否适当?是否与其他的标准有冲突?解决问题的核心技能是否缺乏?培训是否必要——或者更切合实际?工作是否被错误地设计?责任的重新安排是否合适?

存在的其他可能性是,工作承担者感觉做了正确的事情、正在做产生实际结果的事情,或者工作很满意却受到惩罚。你可能需要帮助他们消除这种被惩罚的感觉,因为:它可能是极度的官僚主义造成的。否则,工作承担者可能实际做了非常好的事情却忽视了目标。或者,他们可能感到正在讨论的特殊标准是不重要的(我们中许多人——经常是我们中那些承担最重要责任的人——可能对许多工作业绩标准产生类似感觉)。要重视执行标准的重要性。

4 管理工作

☐ 与工作承担者一起探讨改善的机会。机会可能存在于什么地方？什么样的行动方针向我们开放？你可能给予什么样的帮助？把这些问题放在问题——解决相结合的会议上进行思考，在这个会议上，在你的帮助和指引下，引导工作承担者进行思考。不要直接告诉工作承担者他们应当做什么。

☐ 发现工作承担者能同意的行动方针。只有他们才能采取不同的行为，因此，他们必须决定做什么。他们或许不能一口气解决所有问题。许多不达标的业绩可以被分阶段解决——这很像解决债务危机。向他们说明你可以提供的帮助；你将在随后的几个星期里再回顾业绩，并把这一问题记录下来。

5　发展员工

你必须为你管理的人提供发展机会。为了使他们做出最大的贡献,他们需要感觉到:

- 从工作中获得了个人的满意;
- 对他们的团队和组织做出了有价值的贡献;
- 自己的工作具有挑战性;
- 能轻松地承担一定程度的责任;
- 他们的贡献得到了承认(可能得到奖励);
- 对他们承担责任的工作的所有方面具有真正的控制;
- 所从事的工作正帮助他们在经验、能力和成熟方面发展和成长。

作为经理,发展员工是一个你可能会忽视的管理责任。工作需要完成,团队通常难以避免简单

如何更好地管理人

化,因为他们的需要比你的需要更多!但是,员工发展可能不会构成你的注意中心。总而言之,你所要做的事情不是帮助员工的成长和成熟;你的工作是把他们作为资源进行管理。

为什么要发展员工?

简单的答案是,如果你不培育和发展员工,你可能就会失去他们。一个组织如果不能对有技能的人提供期待,到头来它就可能会发现自己本身是无技能的,或者说不能真正地拥有员工。更积极地说,得到发展的员工是更有价值的资源。你将从他们那里得到比你投入的资金更多的东西!与聘用和接受新员工相比,发展现有的员工具有更大的成本效益。对员工和他们的发展进行投资,能为组织带来使营运成本降低、顾客满意度增大的效果。

真正困难的决定是在发展员工上投资多少。投资越大,你投资发展的员工的可利用性也就越大,他们就会变得更具有竞争性,更具有吸引力。每一个组织都必须在投资于员工和投资失败的风险之间

5 发展员工

做出选择。

从更直接的观点上看,在工作中发展员工,帮助他们顺利地完成他们的工作,这可以增加他们的生产力,同时也能增加组织的生产力。发展员工的技能,将使你能够实现:

☐ 在更少的时间里得到更大的生产力,因为员工将更安全、更有效、更接近标准,并且使浪费和危险最小化。

☐ 由于增加了产出、改善了质量和在期限内提前完成任务,从而改善了工作业绩;

☐ 更大的授权:人们准备更好地去完成被分配的任务,拥有更大的责任,他们将得到更多的激励,从而减少了缺勤和旷工;

☐ 更满意的雇佣和遴选:工作中发展的前途,将吸引更多更好的岗位申请人;

☐ 减少劳动力流失:至少在理论上,人们将愿意留在工作岗位上,因为他们在那里可以看到成长和发展自己的潜力的前途。

你可以把这种培育员工的责任视为如同养育孩子那样的事情。

如何更好地管理人

一些经理的工作作风非常教条、非常刻板严厉,他们的口头禅是:"像我一样做它。"另一些经理则更愿意鼓励人们去发现自己的方向,评估自己的发展。如果你曾经受过良好的养育,你就可能稳步地发展为成熟的、自信的、有自制力的和自我发展的人。同样,如果你以授权和关怀的方式去"养育"你的团队,他们就可能成为成功的和自信的团队成员。因此,除了对某个人在其他方面的发展满意以外,这种对他人发展的积极态度有助于你更好地履行职责,并做出更有价值的贡献。

发展经常意味着培训——而培训时常意味着课程。但是,与简单地参加培训课程相比,发展潜在地具有更宽广和更丰富的作用。学习——真实的,终身的学习——能够以方式、框架、关系和对话等广泛的类型开展。在这一章里,我们讨论了一些更常见的方式,运用这些方式,你可以帮助自己的团队成员发展和学习。

如何评估人的潜力

可以用多种方式辨别发展潜力:

5 发展员工

- [ ] 评估和辨别出下一年度已计划的培训和发展活动是否适当。
- [ ] 在团队和部门中发生的变化,可能会导致整个团队的培训和发展方案的变化。
- [ ] 单个的工作承担者可能希望改善他们的能力,以便适应当前的工作或未来的发展需要。
- [ ] 发展可能作为感应的系统工程和初始培训的一部分开始发生。
- [ ] 个人或团队可能作为恢复战略的一部分开始正式的发展计划。
- [ ] 发展可能成为事业框架或个人雇佣合同的一部分。这种发展经常被称为"持续的专业发展",或者简称为 CPD。工作承担者被要求出示在一年里投入了一定天数用于发展的证据。

发展进程

发展进程通常包括决定员工的哪些能力、技能或知识需要得到发展,以及如何实现这一目标。由

如何更好地管理人

于拥有大部分管理决策权,因此你必须在适用的资源和机会的基础上做出这一决定。如果资源可能在中途枯竭或流失,你就不可能制定出一个涵盖面较广的发展计划。如果他们以后没有机会再回到工作中去,并在实践中运用学到的技能,那你就没有必要把你的团队成员送去参加一个学费昂贵的培训班。

起点是辨别工作承担者的能力状态。工作必需具备哪些能力?工作承担者拥有的技能中哪些没有得到利用?对实施一个培训计划做出决定,首先需要分析完成这项工作的要素;作为一个胜任的经理,你应当能够——与工作承担者一道——对需要的东西做出合理的估计。通过前后对照团队目标或组织目标中关键结果领域所需要的能力,你可以更娴熟地做出这一分析。这些与重要的关键结果领域相一致的能力具有更大的重要性。

你可能根据工作承担者的能力把他们划分为三种类型。在每一个类型中,你可以决定工作承担者是:

☐ 尚不胜任;
☐ 完全胜任;
☐ 基本胜任。

5 发展员工

你可以针对每一种类型决定这些可能的行动方针:

源于能力分析的发展需要

☐ 尚不胜任:
——辨别不足之处;
——提供培训和发展,以提高能力。

☐ 完全胜任:
——为提高适应下一阶段工作的需要提供培训和发展。

☐ 基本胜任:
——增加责任和挑战的机会;
——提升,重新分配工作,重新设计工作。

辨别"尚不胜任"的人——"无能力"一词不应该出现在有效的经理的词汇用语中——的需要和为他们提供发展的机会要相对容易一些。同样,那

如何更好地管理人

些完全胜任的人也许能找到自己的发展道路。他们是中间类型的人，很容易被管理者忽视。与"尚不胜任"的人不同，他们并不会表现出发展的迫切需要；与"基本胜任"的人不同，他们可能没有发展的自我激励。除非他们能够看见评估成就的好处，否则，他们不可能改善自己的业绩——这就是我们为什么对发展他们感兴趣的地方。你可能需要花费一些时间，与那些完全胜任的人一起制定出承担者感兴趣的发展计划。

在辨别了发展的需要以后，你可以草拟发展计划。这是一套为改善或巩固能力而设计的行动计划。确信你的计划包括 SMART 要素：特定的、可测量的、可实现的、现实的、时间性的。也许在最适宜的时间里安排发展或培训是困难的，但是，太早或太迟的行动可能使它们失去许多价值。一个月至少应该回顾发展目标一次。

顺便说一下，这个工作并非完全是人事部或人力资源部门的工作。作为工作承担者的经理，你必须对为辨别需要和布置行动的发展对话承担第一责任。你最了解工作承担者；你最了解工作的需要。

发展不仅仅是培训。许多发展机会在工作中出现。在向培训项目投入金钱和时间以前，对工作场

5 发展员工

所可以提供的事物进行观察。工作场所中所包含的这些机会可能在工作过程中被我们遗漏，或者忽视了。走访工作是学会了解当前大家关心的事情的最佳途径。你可以为安排工作，或为发展目标，或为探究人际关系从中认识新的机会；你甚至会发现发展已经在悄悄发生，它是非正式的，并且在你没有参与的情况下。

分　配

分配是提供发展道路最直接的方式之一。它还是潜在的最具有成本效益的方法之一。它允许人们在实践中尝试自己的观点，并发展他们的理解和信心。它具有授权予人的重要意义。

分配是有意识地选择赋予某个人权力去做某件你自己能够做的事情。它不仅仅是分发工作。通过分配，你给予某个人一种责任：未完成的任务；你转交权力：做出其他决定并采取承担这一行动责任的权力。成功的分配包括平衡权力的责任。

任何一个从事管理工作的人都知道分配工作有

如何更好地管理人

多么困难——如同任何一位父母亲或护理人员知道孩子有多么难抚养一样。

分配具有风险。你保持最终的责任,你可能代人受过;对任何出现的问题做出回答是你的责任——并为此处理善后!

分配还能带来许多回报。它让你腾出手来,自由地处理你的实际工作;它允许你看得更远,思考更具战略性的问题,监控你决定的进程。它还能通过参与和激励人促进人们做出承诺。它能通过增加他们的自主权和发展他们的技能,给予人们更大的工作满意度。

分配什么

回顾你自己的目标。辨别那些由你个人负责任的事物。现在,把你可以分配的活动与你必须承担个人责任的事物区别开来。观察分配工作的候选人包括:

☐ 日常的任务;

☐ 耗时的任务:研究、测试、管理或同步的行动;

5 发展员工

□完成可以作为一整块进行分配的任务；
□交流任务：信件、推广资料、电话。

把对你可能是单调乏味但对某个人却是实际挑战的任务分配出去。因为你不擅长某个任务，或者对如何处理它没有新的想法，它可能是耗时的。但对另一个人来说，这样的任务可能是满意的和具有回报价值的，是一个能证明创造性和高业绩的机会。记住：不要分配：

□被分配人根本不具备相关的技能和经验的任务；
□战略的、政策的、机密的或涉及安全事宜的任务；
□包括对被分配人的同事进行规劝的任务。

谨慎使用下列这些不便分配的理由。也许还存在其他你不愿意分配的理由：

□经验的缺乏。某个人可能表现出与某个任务不相称，但是，却拥有承担这一任务的较高条件，对这种人应当给予适当的支持和培训。不提供支持

如何更好地管理人

就进行分配是不明智之举；学习挑战可能恰好是促使某个人成功的东西。

□拒绝放弃。你可能乐于某些任务，即使它们对你的核心目标并没有什么帮助。你可能害怕让其他人获得你在过去一直拥有的某些任务的权力。

□急躁。其他人一定会采用与你不同的方式行事。他们还可能会出错或者在掌握技能上看上去很迟钝。业绩可能受到损害：你最后一次做对事情是什么时候？另一方面，一个新的方法可能会实际地改善业绩。一些经理害怕分配可能正好出于这一原因。

□保持联系。一些经理非常勉强地分配任务，因为他们希望"保持对事物的控制"。这一做法最糟糕的地方是，这种综合症意味着被分配人的每一个决定都必须提交他们审批，每一封信必须得到他们的签署，每一个错误必然伴随着"管家"的"询问"——准司法的会议，在这样的会议上，人们会当着他们同事的面受到批评和羞辱。

□失败。分配责任和权力可能导致你感觉自己正在促使你最欣赏的人离开你，他们可能得到提升，超过你，或者你的分配正在使你离开工作。

5 发展员工

所有这些抑制因素都可能阻止你成功地进行分配。它们会有效地阻止你承担经理的实际责任。避免使自己成为可有可无的人是一个合理的雄心,但是,不能发展他人的责任不是着手进行分配的好方式。

如何分配

在已经决定了分配什么以后,询问:

□ 这项任务所必需的技能、经验、专门技术和资格是什么?
□ 谁的技能状况与这一任务的需要最匹配?
□ 可能需要的进一步培训和支持是什么?

找出人们从事他们从来没有做过的事情的兴趣,或者一些在不寻常的环境中已经表现出的才干(例如,能代替某个人,善于应付危机)。寻找在其他场合已经得到锻炼的能力:在他们工作的其他方面,甚至可能是工作之外。

对把任务分配给你选择的那个人的前景进行讨论。当然,它也许可以很容易地在一次评估会见中

如何更**好地**管理人

进行。

针对分配的对话应当仔细遵循"为行动的对话"的结构。从提出问题开始,"我想和你讨论一下分配 X 任务的可能性。"说明你为什么提出这一请求,以及你的需要和工作承担者的发展。确定任务的时间范围或期限,以及必须满足的条件:要实现的标准或目标,你如何监控这一进程,检查成功与否。

人们可能会对分配做出四种回应,你应当对此了然于胸:

☐ 他们可能接受请求并做出承诺:"我保证在 Y 时间里完成 X 任务。"

☐ 他们可能拒绝。因为你的要求不是命令。他们必须能自由地说"不",同时非常清楚做出拒绝的后果。

☐ 他们可能提出在晚一些时候承诺它:"我在 Z 时会回到你这里来,那时我将给你明确的答复。"

☐ 他们可能提出相反的建议:"我不会去做 X 任务;不过我可以向你保证在时间 Y 里做 W 任务(或者 X 任务中的一部分)。"

5 发展员工

这种对话的结果能清楚地表明对分配做出某种行动的承诺：对最初具有分配意向的任务做出承诺；对任务的某些部分做出承诺；对另一个任务做出承诺，或者予以拒绝。

在接受新分配的任务时，我们必须清楚地表明分配在行动上具有三个限制：

☐ 目标。应当清楚地表明任务的广泛的目标，特定的目标，要满足的条件，时间范围等。

☐ 政策。规则和章程。履行任务的形式必须与任何组织运作的法律、合同或政策方针相符合。

☐ 权力的限制。这是至关重要的。被分配者必须清楚地知道他们的权力跨度以及它的终点：他们雇佣或使用员工的权力是什么，他们预算的权力有多大，可利用的资源有多少，他们访问信息和不必请示就可以做出决定的权力有哪些。

最后，你必须给予被分配者从事这项任务的信心。简单明了地说明这一点：

☐ 提供你或他们认为必要的任何支持；
☐ 提供任何可能需要的培训；

如何更好地管理人

- 给予可利用的咨询或建议；
- 让分配众所周知。

所有这些承诺都是重要的，但是，最后两个更为重要。不要分配完就消失！你可能把分配视为一个简单地转嫁你的难题的方式；如果是这样，由于你把问题推卸给其他人，你就没有履行你应该履行的责任。分配应当始终被公开，以便每一个人都知道谁来承担这件事情，谁来负责，他们在做出决定时可以信任谁。

分配本身经常发展为三个不同的形式：

- 非正常替代。分配是一个完整的角色，而不是一个单一的任务。这经常被称为"临时补缺"。但是，非正常替代更多地却是用于顶替产假、缺勤或空缺。它给予工作承担者在更大责任的位置上拓宽自己的经验和技能的机会。这里的问题是，工作承担者在顶替一段时间以后，可能会发现难以重新回到自己原来的位置上：重新入场需要仔细的和移情作用的管理，这是你的责任。

- 工作轮换。它指的是，人们在部门里或团队里——或者在整个组织中——在一定的时间期限里

5 发展员工

轮流从事不同的工作。工作轮换可以拓宽人们的知识和技能。许多组织运用工作轮换作为管理发展进程。与工作轮换相关的困难是，专业性员工可能在一定期限里"消失了"，离开了未完成的工作，团队被瓦解，质量受到损害。

☐借调。借调是组织中的另一种人员安排——或者在另一个组织里，有的时候派往国外——为了实现特殊任务。它经常被用于管理或专业发展。这一过程可能出现的问题是，被借调人可能永远不会返回原岗位！

分配总是会为你带来风险，比如，你发展一个人，但是，他最后却离开了工作岗位。因此，分配可能会给团队带来不稳定性，但是，它更多地是创造新的发展和变化的机会。

培　训

培训是用技能武装我们已计划的学习预备。它与强调改善行为和业绩而不是增加知识的教学不

如何更好地管理人

同。培训应当有助于你做一些事情，而不是知道一些事情。

谁需要培训？

当然，不是任何人都符合培训的需要。我们的环境通常使我们成为潜在的受训者。

新雇员

任何倡导自尊的组织都会为新雇员提供入门培训。它使新雇员们能够把组织、它的产品或服务、它的政策和实践作为一个整体来熟悉。入门培训是非常重要的培训形式，特别是对年轻的人来说。单一的入门培训计划可能影响一个人终身的工作态度，人事部门和人力资源部门可能会负责进行这种培训。你负有下列责任：向新员工介绍你自己的部门或团队，从团队如何工作、业绩标准是什么，以及你期待你的人如何行动的起点开始培训他们。

需要改善业绩的工作承担者

培训还将帮助需要达到标准或改善他们的业绩的老雇员。辨别他们的需要是你作为他们的经理的责任：它应当是你监控和评估过程得出的合理结果。

5 发展员工

准备提拔的人

你的组织需要在所有层面上了解它的人员的才干。从内部提拔人是比从外部招聘新人才更有效的途径。寻求和期待提拔的人，需要在他们可能面对的新工作方面得到培训。在希望在未来拥有了解经营的高级经理的组织中，这个"让他们成长"的过程是重要的。寻求人才是你在这方面的另一个关键的责任。

改变工种的人

变化发生得越来越快。工作定期地改变、重新设计和被废止。弹性可能是一个雇员最有价值的素质之一。培训使人更好地准备改变方向、承担新的责任、回应无法预料的事情。

接近退休的人

负责任的组织为那些进入他们的"第三年龄"的员工提供培训和入门培训。劳动力的这一部分正在不断增加，他们能够提供大量经验和技能。培训能够帮助他们保持标准，思考工作变动，以及以其他方式运用他们的技能（比如说，在教授和指导方面），发现新的贡献类型（例如，咨询顾问或自愿者）。

如何更**好地**管理人

如何培训

这一过程应当开始于对工作和完成工作所要求的能力的检查。然后，你需要为能力和技能提供你认为有助于发展它的、相适配的培训类型。

你可能简单地根据单一技能或能力做出决定，要求工作承担者参加培训课程。即使这样一个简单的决定，在你探究它时也会变得更为复杂。例如，在内部举行培训课程，还是需要找到一个外部的培训提供者？你能自己来做培训吗——在什么样的情况下它可能成为训练？你如何知道培训课程将正确地提供你希望的东西？参加这个适配培训的工作承担者的实际问题必须得到重视，你必须帮助工作承担者解决它。如果你不能做到这一点，工作承担者可能变得失去动力，你将会浪费预算和时间。

无论是单一的培训活动还是培训计划，下面介绍的都是你必须询问的关键问题：

☐ 谁被培训？是否不只一个人参与？我们是否因为有更多的人参与需要做出更大的投资？

☐ 他们为什么要被培训？我们寻求的技能改善

5 发展员工

是什么？

□应当传授的是什么？我们是否具有能转化为培训计划或培训议程的"购物清单"？

□培训应当如何进行？

□谁来进行培训？你？内部的培训师？外部的培训师？来自当地学院或大学的教师？专业顾问？

□什么时间进行？培训的天数？经常进行吗？与其他创新性活动相关吗？

□在哪里进行？培训的场地是非常重要的。在现场？在培训中心或单位？在宾馆？在会议中心？

□我们如何评价这次培训？

尽量多地找出可以提供的任何培训方式。任何著名的培训组织都乐于全面地告诉你他们的工作，大多数组织将提供适合你需要的培训。你必须尽可能清楚地知道自己的需要是什么；告诉培训师，他们可以帮助你澄清它们。

从广义上说，培训主要可以分为三种类型：

不脱产培训

这可能是最常见的培训类型。它经常举行，有的时候甚至不称为培训。更正式的组织培训，它允许受训人在实际环境中从有技能的人那里得到支持。这种做法给予受训人真正的实践,不涉及外部培训师或新的培训设备。当然,并非所有的专家都是经验丰富的培训师。简而言之,反馈和支持有助于为受训人构建培训基础。

不脱产培训具有很多优点。它的适当性和有用性便于检查;在预算和时间上它是有效的;它是低成本的并且易于控制;它允许直接的反馈。它的不足之处包括潜在的干扰,培训范围的局限性,以及——潜在的——有技能的人本身没有得到培训,从而缺乏培训的技能。

脱产培训

这种培训为从组织中来的人提供一定范围的学习活动和支持发展的条件。这些条件可能包括短期课程,座谈、授课、音像培训、远程学习和计算机目标工作。

脱产培训通常提供的是一个更专业和技能化层面的培训。它经常由签订了培训合同的组织外部的人提供,他们能够提供新颖的和令人感兴趣的观点。通过让受训人离开工作现场,脱产培训鼓励他们更集中精力于眼前的培训活动上。然而,这种方式也具有一些危险:培训师可能来自培训部门或人力资源部门,它本身切断了与来自组织的其他人的联系；培训可能是模式化的，因此易于因未完成培训的预期而需要再培训，即使是脱产，人们依然可能被从培训班中拉回去，去更正事情或"救火"。

组织外部的培训

培训可以在工作场所之外进行，如在培训中心或宾馆举行。这也许是在组织中组织的脱产培训，也许是由外部培训师提供的培训。这种培训能够产生最大不同的潜力：公共培训课程的混杂经验、场景的完全变化，以及从工作中退回到放松的环境里，所有这些，都可能使受训人的心智受到强烈的影响。在这种培训中主要存在三种危险：它可能与受训人的需要毫不相干，因为培训课程没有与受训人或他们的组织目标紧密地联系起来；难以控制它；它也是最昂贵的培训选项。

在这三种类型中，许多不同的培训方法可资利用。例如，不脱产培训也许包括传授从事该工作的直接经验，尽管培训人可能还决定把关于过去工作的对话、对报告和其他文件的讨论，以及更非正式的慎重对话包括在内。项目方面的培训更可能是不脱产培训。脱产培训也许包括利用图书馆资源：它的范围可以从装满书籍的橱柜，到设备齐全的培训中心，因为在那里配有终端、在线服务和齐全的培

如何更**好地**管理人

训媒介设备。组织外部的培训也许包括从短期课程到在外地培训中心举行的发展活动在内的所有项目。

你可以从自己的培训经验中知道哪种培训对你最有用。实在地说，培训——以及培训提供者——的方法和质量有很大差异。除了尽可能多地认识培训本身以外，你还必须确信培训可以尽快和尽可能有效地整合进受训人回去后要从事的工作中。

评估培训

关于评估培训提出的重要建议是：着手做它！相当多的经理运用培训作为放弃他们自己的发展责任的借口。你必须能证明你的投资是正当合理的。

你可以从询问如下问题开始：

☐ 培训的结果达到目标了吗？
☐ 是否有改善了业绩的证据？
☐ 对组织和团队增加了什么利益？
☐ 你能辨别任何与培训目标没有直接关系的派生物吗？
☐ 为了证明培训投资的合理性，我们是否能进行成本——效益分析？

□这次培训经验对未来的培训决定会产生什么样的影响？

无论提出什么样的管理问题，你都必须让受训人参与去回答它们。从任何一个可能已经参与的人那里获得他们的观点：其他经理、督导、培训人员、职员。

如果你能测量学习次数，评估就会相当容易。当评估包括诸如决策、解决问题、创造力或观点表达这样一些能力时，评估就会变得更困难。在面对这些能力的评估时，你可以思考以其他方式对培训进行评估。

让受训人参与到评估中来。要求他们直接地回答问题。在全过程中监控这些回答：他们可能在其他时间的反思和执行以后恰好对培训有不同的感觉。如果培训是为了改善业绩，受训人就必须具有尽快地实践他们新学到的技能的机会。培训通常只能延续很短的时间，而技能发展则是一个必要的较为缓慢和更渐进的过程。当受训人返回工作岗位时，询问他们学习到了什么东西；询问他们倾向于如何应用培训中学习到的技能和知识；通过指导、

如何更**好**地管理人

分配、项目、工作轮换或借调,给予他们进一步发展的机会。

对受训人从培训活动中带回来的东西保持兴趣。你可以通过要求他们把培训学习到的技能和知识传授给团队的其他人——包括你,从而大幅度地提高你在培训上的价值。邀请他们作报告,把他们从培训中带回来的资料整理成任何人都可以使用的文件。所有这些活动都有助于你评估培训本身,以及监控任何受训人的业绩。

对培训进行记录并保存记录。你可能考虑保存某个与你一道工作的人的所有学习经历的个人记录,保存部门或团队的记录,总结团队的所有培训效果。

训 练

训练能够改善一个已经胜任的操作者的业绩。建立一种能力也许是培训;在行动中发展一种能力则是训练。训练通常发生在一对一的关系中,是工作中一个活动和持续的过程。

5 发展员工

对经理而言,训练是最有价值、最有潜力的活动之一。大多数训练由更高级别的人来进行,但是你不必因为处在下属的位置上而被训练。训练最本质的东西是应当具有专业技术、判断和使被训练者吸取他们的教练的经验(我非常不喜欢"被训练者"这个称呼,但是它有用。在缺乏其他更好的称呼以前,我将继续在这里运用它)。

训练的核心是对话。一个有效的训练者能帮助被训练者预见他们自己的未来,对工作培育出更清楚的认识,并因此产生更大的责任。

培育意识是训练的第一步,包括被我称为"第一阶段思维"的东西:思考我们关注的事物,我们感知的事物。在这个阶段,我们运用训练来观察:

☐ 正在进行的事物;
☐ 目标;
☐ 我们需要知道的事物;
☐ 被训练者与其他人之间的动态和关系;
☐ 更广泛的组织问题;
☐ 被训练者自己的感觉:害怕、情绪、渴望、直觉、能力。

如何更好地管理人

培育责任是训练的第二个阶段,包括第二阶段思维:思考做什么。因此在这一阶段,教练要鼓励被训练者思考下列问题:

☐ 对行动的想法;
☐ 改变和成长的机会;
☐ 决定做什么和如何做;
☐ 采取行动。

显然,这两个思维阶段——以及训练阶段——与贯穿本书中我所使用的标准对话结构中的四个阶段紧密相关。培育意识与欢迎的对话和获得的对话相关:属于为关系进行对话和为可能性进行对话。培育责任与供给的对话和得出结果的对话相关:属于为机会进行对话和为行动进行对话。

训练者角色的基本点是询问问题。对此不能过于强调。教练倾向于产生一个最小的回应:行动被执行,只是还没有被更好地执行。询问的问题应关注于注意力,增强意识,要鼓励被训练者承担责任。这里引用一句中国谚语:

百闻不如一见

5 发展员工

百见不如一干

询问问题还能帮助训练者。不是按次序逐渐迈进,训练者可以运用问题跟随被训练者的思考、兴趣、热情或情绪反应系统——从而适应训练。

当然,对训练者来说,聆听被训练者的答案——并熟悉这些答案是最基本的。训练应当是一场诚恳的对话。最有效的问题,是那些鼓励被训练者独立思考的问题。训练者的任务不是传递专业知识,也不是强调被训练者的责任和义务。强调被训练者的无知或有用的询问都是于事无补的。

训练者应当谨慎地询问真正的问题:没有修辞色彩、讽刺味道、油滑、施加压力或诱导性问题。询问下列这些问题:

- ☐ 指出被训练者对情景是否有足够理解;
- ☐ 设定下一步问什么;
- ☐ 根据目标监控被训练者的进程;
- ☐ 促进被训练者做出决定的责任感。

询问的最佳方式是公开、不带判断,以及有所指。

如何更好地管理人

在第一阶段思维中，当我们培育更清晰的意识时，训练者应当询问具有特殊要求或可以量化的问题：

- ☐ 何物……
- ☐ 何处……
- ☐ 何时……
- ☐ 何人……
- ☐ 多少（可数）……
- ☐ 多少（不可数）……

避免"为什么……"和"如何……"的询问，因为它们易于暗示判断、分析或批评，它们是第二阶段思维的所有形式。如果必要，"为什么……"会成为"之所以会如此的原因是……"，"如何……"可能是"什么步骤是……"的更好的表达。

在第二阶段思维期间，同样类型的问题适于集中在被训练者将在下一步要做的事情，以及如何、什么时间、在哪里等问题上。

在这一过程中，推论的阶梯是一个有用的工具。使被训练者从信念或假定中走下阶梯，走近特定的观察，这将鼓励他们具有更广泛的意识；而从

5 发展员工

意义、判断和信念走上行动的阶梯,则将加强动机和未来行动的责任感。

经理可以成为训练者吗?

一线经理是否可以充当训练者的角色?我们如何使训练的美妙目标与我们的其他管理角色保持一致?

这里最重要的问题是责任感。当被训练者为你的业绩标准或要实现的目标承担责任时,想与他们举行一场真诚的对话可能非常困难。除非责任被清楚地认识和了解,否则,它会变成整个训练过程的可怕障碍。从另一方面来说,你可能处于最佳的训练者位置上。你应当比组织中的其他任何人都更多地了解被训练者。你被恰当地任命为处理这些非常问题的责任者。一个好的政策,必须能阐明标准、目标和被训练者应当对你承担的关键责任。事实上,训练可以使训练者更了解建立标准和目标的理由,并因此提供为实现这些目标而承担更多责任的机会。

训练是一个微妙敏感的过程。它要求每一个担任这一任务的经理都具有很好的素质:

如何更**好**地管理人

- 敏锐的聆听和观察；
- 正直；
- 超然；
- 支持性；
- 兴趣；
- 耐心。

一个好的训练者必须能够同情被训练者，保持敏锐的自我意识。直觉和抑制仓促做出判断的能力是至关重要的。训练可以挑战你作为一个经理的观察力、价值观、假定和信念。训练可以是检查你的意识和责任感的好机会。它可以成为一个导致双方互相学习的对话：真诚的伙伴关系。训练是你作为经理的角色中最值得做的事情之一。

训练的四个步骤

训练过程中存在四个步骤。它的传统模式建立在被称为"GROW"的一个词组的基础上：

- 建立目标（Goal-setting）：针对会见本身和

被训练者的发展;

□事实分析（Reality analysis），探究当前情景中的困难和机会;

□针对未来行动方针的选项（Options for future course of action）；

□做什么（What to do）：关于行动的"艰难的"决定，什么时间和由谁来做。

显然，这四个阶段与贯穿本书中我所使用的标准对话结构中的四个阶段紧密相关。培育意识（目标建立和事实分析）与欢迎的对话和获得的对话相关——属于为关系进行对话和为可能性进行对话。培育责任（行动和做什么的选项）与供给的对话和得出结果的对话相关——属于为机会进行对话和为行动进行对话。

建立目标

最初的任务是决定训练的目的：为训练本身，也为了受训者的业绩问题建立我们的目标。

在这里，第一阶段思维是回顾和建立目标。它不仅仅是为了建立一个单一的目标；而且还应当花时间去发现其他的可能性，或者观察以其他方式对第一目标进行定义的可能性。把受训者的目标思考

如何更好地管理人

为由"如何"开始的陈述,尽你所能花一点时间从原始目标中多产生一些"如何"的陈述,这有助于你们双方探究受训者更深的价值观、更高的渴望和更远大的雄心壮志。

现在你可以对众多的"如何"陈述进行分门别类。它们中一些是终极目标;另一些是业绩目标,是也许能让你到达终极目标的道路或者证明你已经实现了它们的可测量的业绩层面。所有这些都被揭示出来,但是,你只能选择一个或两个进行直接训练。出于实践目的,可以选择的最好目标是那些在目标和现实之间能产生出最大创造性呈现紧张状况的目标。如同拉紧的弹性胶带的紧张状况一样,它是创造性的紧张状况,它蕴含着潜在的能量,它能提供运动所需要的能量。询问自己,最能够刺激受训者的目标是什么?哪一种目标能产生最大的承诺?

目标的选择者必须是受训者。目标应当是可实现的——没有超出受训者的能力或无法达到,而应当是对保持紧张状况的足够挑战。训练者的角色是帮助受训者决定如何实现和挑战目标,在受训者的工作责任和目标更广阔的背景下回顾它。

事实分析

创造性紧张状况取决于清晰的目标,而清晰的

5 发展员工

目标则依赖对事实的清晰感知。

冷静地审视自己面对的事实。要尽可能客观；避免做出判断。例如，不是用"不好"或"不足"描述过去的业绩，而是关注于需要加以改善的特殊方面。让受训者走下推论的阶梯，提供可证实的、可测量的观察物：

- ☐ 你迄今为止已经尝试了哪些方面？
- ☐ 结果是什么？
- ☐ 你确实实现的目标有多少？
- ☐ 你缺乏什么样的资源？
- ☐ 你最后一次检查这一情景是什么时间？
- ☐ 实际困难在哪里？

记住：许多当前的事实是内部的事实。跟踪受训者关心的问题领域，（温和地）调查他们的情绪回应：

- ☐ 你感觉如何，当你尝试……
- ☐ 你产生了什么样的感觉，当你谈论……
- ☐ 是否存在任何你担心的事情？
- ☐ 你如何考虑你可能阻止自己获得更大的

如何更好地管理人

成就？

□ 要实现这一目标，你现在的信心如何？

事实上，在很小的年纪时，我们所有的人就已经被植入了两个根深蒂固的信念，即为了追求挑战性目标抑制我们的能力：

□ 无能力的意识：我们在实现自己希冀的东西上是无能为力的；

□ 没有价值的意识：在某些方面，我们不值得获得成功。

这两个信念——我们中只有极少数的人没有体验过它们中的某一个——是当前训练事实的一部分。搞清楚它们能够帮助训练者和受训者理解勉强、敌意或关心追求目标的更深层的原因。只有直面恶魔，才有助于我们战胜它们。

然而，在这个领域里还是谨慎行事为好：你在进行训练，不是提供咨询。如果感到怀疑就独自离开。评估事实的外部表象与你的目标联系更紧密。

行动的选项

这潜在地是训练过程中最具创造性的部分。我

5 发展员工

们在这里的目的是为了选择特定的、现实的下一步,尽可能多地发现行动的选项。再说一遍,充分认识到内部事实可能约束选择是非常重要的。在自己头脑里的反对声音可能是最挑剔的审查员:

- □ 它不可能完成。
- □ 我们不可能像做那件事一样做它。
- □ 他们绝不可能同意它。
- □ 它是非常昂贵的。
- □ 总而言之是太多的风险/分裂/复杂/激进。
- □ 我没有时间。
- □ 已经尝试过了——你自己去看看发生了什么。

你可能用"如果……会如何"的问题来思考这些目标:

- □ 如果我们能做它,会如何?
- □ 如果这些障碍不存在,会如何?
- □ 如果我们能使它得到同意,会如何?
- □ 如果我们能获得预算,会如何?
- □ 如果我们能管理风险/使分裂最小化/使它更

如何更好地管理人

简单……会如何？
- 如果我们能重新整合资源，会如何？
- 如果我们再尝试一次，会如何？

让你的选项保持开放状态：

- 你还能做什么？
- 你是否能以不同的方式做它？
- 是否有其他方式可以实现这一目标？

确定一个选项是很大的第二阶段思维的任务。仔细地检查行动的成本和收益。不要把自己限制在一个选项上；它可能融合了两个或更多的现实的行动方针，或根据是即刻的还是长期的任务来安排选项。检查被选中的选项，它们应该是：

- 可实现的：
  ——有预算的、有成本分析的、有适当的资源；
  ——特定的和可测量的；
  ——在更广泛的组织意义上是现实的；
  ——有时间表的。
- 挑战性的：

5 发展员工

——要求新的行为和研究；
——能刺激受训者；
——使事实更接近目标（不是比目标更低！）；
——可以加强或增加技能；
——可以改善业绩；
——可以是真诚的学习经历。

做什么

训练过程的这一部分的任务是规划详尽的行动计划：

□ 你将做什么？
□ 你什么时间开始做？
□ 这一行动（或一系列行动）是否能使你更接近自己的目标？
□ 你必须克服的障碍是什么？
□ 还有谁参与其中？
□ 你需要什么样的支持？你能在什么地方找到这些支持？
□ 行动过程中存在的其他后果是什么？我们如何去处理它们？

如何更好地管理人

训练者对下列这个问题的回答很重要：

☐ 我能做些什么来帮助他们？

训练的这一部分要求大量艰苦的第二阶段思维，如果一个行动计划是可行的——并且如果受训者实际上会执行这一计划。

解决责任的问题至关重要，如果你希望落实它们的话。受训者将如何在这个计划中对你负责？我们将建立什么样的目标？我们需要回顾它们吗？如果需要，什么时候最适宜？理想地说，这些责任目标应当被最小化，并得到训练者和受训者的共同认同——因为他们可能处在评估中。

打印和签署已经被认同的行动计划，确认受训者承诺和执行它。把回顾数据纳入到监控程序中。

咨询辅导

在一些阶段，你几乎肯定必须为一些人战胜困难而提供帮助。这就是有必要开展咨询辅导对话的

5 发展员工

最明显原因。但是，咨询辅导技能在其他方面也能大显身手，即使是在一些压力很小的情况下。咨询辅导可以用于处理与同事和经理难以相处的问题，甚至可以用于应对社会或个人环境中的重大变化。

咨询辅导，如同训练，有助于个人帮助他自己。与训练不同的是，我们不能帮助他开发一种能力，而只能帮助他解决被个人视为是问题的情景。

咨询辅导不是提供建议。管理的这一部分技能——我们在这本书里会反复看到它——是帮助他人发展认识自己的情景的能力。作为一个咨询顾问，你的角色是提供不同的视角，让人们从这些视角去检验观点。接受咨询辅导的人（为了方便起见，我把他们称为"被辅导者"）必须发现他们自己的情景，履行他们自己的责任。在咨询辅导对话开始时，咨询顾问和被辅导者都不知道答案。答案只能从对话本身中产生。咨询辅导，需要更深的聆听技能。事实上，你可能被要求只聆听，其他什么也不做。你必须真正地相信被辅导者有一些事情要对你说；你必须对自己是否已经清楚地理解了对方的意思进行检查。你必须毫不分心地专注于这个对话，并且需要多少时间就给予多少时间。它应当是私人性质的，对方可以完全自由地打断你的话，而

如何更好地管理人

不必刻意强调这一点。

你可能正在一个提供专业咨询辅导的组织里工作，但是，你不可能完全避免这种对话，你也不应当避免这种交谈。记住，你可能不是一个经过了培训的咨询顾问，因此，你在这一领域的责任应当受到你的管理责任的限制。

咨询辅导总是依赖于对被辅导人所具有的技能、知识和——更深刻地说——发现情景的渴望的假定。它还假定这些技能和素质受到某种形式的阻碍。阻碍物可能不仅仅是他们不知道做什么的信念。他们可能过深地陷于问题之中，或者过深地陷入情绪之中，以至于不能进行理性的思维。

咨询顾问的角色是帮助被辅导者冷静下来，暂时停一停，从不同的角度去观察问题，以便发现新的解决办法。

良好咨询顾问的基本素质

你作为一个咨询顾问的风格是成功进行交谈的关键。咨询辅导不仅仅是使某个人感觉更好一些；它还要实现新的情景感知和新的针对情景的行动方法。

5 发展员工

你必须尊重被辅导人。你必须暂缓做出判断。信任被辅导者的良好感觉,相信他们能够做出明智的决定和良好的行动计划。如果你很了解他们,做到这一点可能并不难。

你还必须能够保持被辅导者对你的信任。这一点对保守机密,帮助你挑战被辅导者分析里的表面形象和错误认识特别重要。保持某个人对你的信任,挑战他们的思维是一个困难的任务。你可能不得不帮助被辅导者勇敢地面对他们自己和他们的不舒服情景的事实。

居于这一困难的核心里的是移情作用的观点,它与同情心形成鲜明的对照,并通过对比被很好地定义。同情心在字面上是对其他人的"感觉":你具有他们表现出来的情绪。如果他们哭泣,你可能也会哭泣。移情作用指的是对被辅导者已表现出来而你没有感觉到的情绪和感情的理解——因此它非常难以做到。它是这样一种感觉,咨询辅导——以及被辅导者本身——要求你具有人道的超然感。

移情作用不拒绝你谈论(概略地)你可能在问题情景中也曾经有过的同样体验。重要的是把这种理解与你曾经帮助他人解决相同问题的例子区别开来,你可能有兴趣提供这种例子。移情作用表现的

如何更好地管理人

是对问题的一种理解,而不必对问题提供现存的解决方法。下面这个规则同样重要:你不应当把移情作用下降到批评他人的程度。如果你当着另一个人的面毁誉某个人,被辅导者几乎肯定会根据事实做出推理:怀疑你是否也会以同样的方式批评他们。

咨询辅导的技能

咨询辅导的技能与每天人们告诉我们他们的问题时我们所运用的那些技能不同。差异在于你在提供咨询辅导时必须进行专业行为;换句话说,你必须更诚实、更始终如一、更无偏见地行为。你提出的意见应当被很好地通知并适合情景。不幸的是,许多日常的咨询辅导对话缺乏所有这些品质。

除了基本的聆听技能以外,下列这三种主要的技能是咨询辅导者首先应当加以注意的:

☐ 询问开放的问题;
☐ 反映;
☐ 对抗。

运用得当的话,它们将有助于使对话更具有建设性。

询问开放的问题

根据精确的定义,开放的问题指的是无法用简单的"是"或"不"来回答的问题。它们经常包括这些词:为何、何人、何物、何时、何处,以及如何。它们在对话的初期阶段是非常有用的。它们还能为其他人提供提出意见和反思、讨论问题的机会。

反映

咨询顾问以三种主要的方式运用反映。它们是:

- □ 人们似乎正在感觉的东西;
- □ 他们的用词、他们所说的内容;
- □ 隐含的内容。

反映感情。这可能是首要的,最有用的,与被用于咨询会晤中的技巧一样。它使正在讨论的问题变得更透明,有助于说话人知道聆听人真的已经理解自己的意思。它通常需要的仅仅是几个短句:

- □ 你感到愤怒。
- □ 你看上去有点心烦意乱。
- □ 你可能很困惑。

如何更好地管理人

如果你与他们的感觉是矛盾的，这样的短句似乎也没有什么关系。如果你认为被辅导者是愤怒的，他们可能很容易做出回答："不，我只是感到失望……"他们将告诉你为什么会如此（这可能包括他们对为什么愤怒的说明。所有的咨询顾问都曾经有过顾客后来证实他们在会晤期间不承认的某些事情的经历）。

反映说话者的用词。这是一个非常简单和有效的技巧，它们能使你提示被辅导者不要偏离讨论的轨道。它可以揭示问题，帮助突破障碍。咨询顾问要仔细地聆听充满感情的字词，那些字词被说话者不适当地强调，或者说话者的声音逐渐变弱，变得几乎听不见。你简单地重复这些字词，能够帮助被辅导者继续说下去。

反映内容。这里的诀窍是简单地重复被辅导者刚才对你说的话。

□ 你说你没有为应付足够的挑战做好准备。

它通常能导致出一个已经提出来的并提供了前进道路的观点的详尽细节。有的时候，你反映的可能只是一些被暗示的东西。被辅导者也许并不能完全说明白它们,但是,他们喋喋不休地谈论这个话题,直到你完全了解它们为止。我记得我曾经这样说:"你感觉我们对女性有偏见。"然后我完全安静地坐在一边,足足有20分钟,所有其他人都尽情地宣泄他们对这一问题的情绪——我获得了大量非常难得的证据。

反映所具有的危险是,你可能认为一些事情他们没有感觉到,或者让你产生你的陈述是正式的印象。反映应当仅仅与较强的判断力一起使用,而且你感觉的字词是重要的。

对抗

小心地运用这一技巧。它可能仅仅由询问论断或表达含混不清的感情的具体细节所组成。它也许包括指出明显的矛盾:被辅导者正在说的内容与他前面所说的内容之间的矛盾;所说的内容与说这些内容的方式之间的矛盾;文字和肢体语言之间的矛盾。记住:你正在对抗一些认识,而这是为了发现新的东西。你的对抗不是为了批评或者以任何方式贬低被辅导者。

咨询辅导的四个阶段

咨询辅导的四个阶段与训练非常相似。二者主

如何更好地管理人

要的不同在于它们强调的重点不一样。训练是以某种方式实现目标和改善业绩;而咨询辅导的基本点是清除某些障碍或困难,以便能够继续前进。

阶段一:诊断

这是为关系进行对话。你需要从一开始就在咨询顾问和被辅导者之间建立起一种积极的人际关系。被辅导者几乎肯定会感到自己的弱势地位,你可以做任何让他们感到轻松的事情,创造他们需要的信任和尊重,这是最基本的。

在被辅导者的眼里,问题是什么?障碍在哪里?

阶段二:探测

这是为可能性进行对话。这个问题的一些方面可能被掩盖了,因为被辅导者可能不愿意使它浮出水面(担心不利后果),或者没有认识到它。帮助他们退一步,检查情景的可能性:

- □ 为什么你认为自己感觉如此?
- □ 如果你把这一问题告诉某人,你认为可能会得到什么样的回答?
- □ 还有谁提出了这一问题?
- □ 对这个问题的出现你怎样想?
- □ 这个问题的原因可能是什么?

5 发展员工

通过要求被辅导者以完全不同的方式思考，能够使对话在这一阶段更具有创造性：

- ☐ 这个问题看上去像什么？
- ☐ 如果你面对这一问题，你的感觉会如何？
- ☐ 你是否能思考表达这一问题的其他方式？

在某些情况下，你或许能帮助被辅导者以某种激进的方式改变这一问题。被辅导者经常把问题视为外部的；视为是要承受的负担或要克服的障碍。以积极的主人公态度去对待问题的关键步骤是，把它视为一个被辅导者能承担责任的目标。

邀请被辅导者尝试把问题设计成"如何办"的陈述。这个建议的意思是，通过这样做，问题被表达为一个目标：表述为被辅导者可能希望采取的一种前进的方式。"如何办"的陈述还意味着行动的最大可能性：如果你正在询问"如何"实现目标，大脑里立刻会做出"是的，你可能……或者你可能……"的回应。更好的是，你可能帮助被辅导者尝试若干不同的"如何办"的陈述，作为探究问题的不同方面的方式。这可能具有突出对话和帮助被辅导者获得一些客观现实的效果。

如何更好地管理人

这种把一种障碍转化为一个目标的方式,是咨询辅导过程中的核心。你应当小心翼翼地接近它。在这个时候,当被辅导者缺乏对它的任何渴望时,他们可能很容易对问题产生承担主要责任的压力感。你必须运用你的所有技能和敏感性来管理这个最重要的过程。

阶段三:机会

这是为机会进行的对话,它应当领导被辅导者正视可能的行动路线以及它们的后果。被辅导者应当从情绪转移到更理性的状态中,以减少对你的压力。他们应当对各种结果和可能产生形象化的感觉。被辅导者现在应当感觉为了选择一个行动路线,自己已经被激活。

阶段四:行动

在这个为行动进行的对话中,你不是提出一个要求——超越被辅导者做出决定的简单要求。现在他们能更清晰地看见情景并评估各种不同类型的选项,有了采取行动的需要。它也许是一个非常小的行动;它也许只是谋定的战略的开始(在一个清楚的计划的表面,我自己的更具有压力的许多问题似乎都是不可解决的)。

如果你已经帮助某个人制定出了清楚的计划,

5 发展员工

那么你的咨询辅导就告成功。你们双方都需要感到你们已经预料到提出的行动的可能结果,在你们之间,你具有满足这些结果的资源。你还可以运用对话的这一阶段来帮助被辅导者反映技能、知识、经验和个人素质,这些对解决问题可能是非常有帮助的。

6 管理团队

这是一个团队的年代。许多经理现在都把自己视为是团队领导，同时也把自己视为与他们的同事组成的一个或更多的团队的一个成员。在许多组织中，曾经盛极一时的"部门"称呼现在已经更名为"团队"；如果你正在一个项目性的环境下工作，团队就是最基本的工作单位。我们已有的智慧告诉我们，如果你不具备团队联合作业的技能，你就无法作为一个经理存在。

团队的观点从20世纪60年代后期开始发展，当约翰·阿代尔和约翰·加尼特提出强有力的团队概念时，这一概念幸存了如此长的时间，以至于它们已经不被视为时尚和诀窍。但是，团队今天依然存在。与过去的组织相比，未来的组织看上去似乎更加扁平化，它的管理层面更少。它的成功更多地取决于信息的交换和人们解决问题的能力的汇集，而

如何更好地管理人

不是依赖原材料或劳动力的供应。由于这些原因——如果暂时没有其他原因,未来的经理将不得不是一个团队操作者。

尽管如此,并非所有的人都能经常分享到团队联合作业得到的没有原则的阿谀奉承。1995年1月14日,《经济学家》刊载了由一家咨询顾问公司进行的研究,它报告说,10个团队中有7个没有取得预期的结果。这些失败可能部分地因为团队并非总是被良好管理的,部分因为团队比其他形式的组织更加难以管理。团队可以运作得非常卓越,但是,它们还要求大量维护,而这一点可能使它们的成本加大。团队还可能失败,由于经理没有得到过在一个动态的团队里进行管理的充分培训——或者由于他们把太多的努力用在了团队构建上,因而损害了必须做的工作。

总而言之,我认为团队被滥用了。团队不是能治百病的万能药。我们在工作中所做的许多事情——可能是大多数事情——是不需要由团队来做的。它需要由个人来完成,由他们来承担自己的行动责任。为这种类型的工作提出团队联合作业可能是牛头不对马嘴,或者说,肯定是有害的。另一方面,在我们做的事情中,可能有一小部分要求团队来联合作业，忽视这种需要无疑是一个巨大的灾难。作为一个经理，你的一部分责任是清晰地区别哪些工作需要团队联合作业，哪些工作需要的仅仅是实际地组织人们适当地完成各自的工作。

> ### 团队中的问题：管理层
>
> ☐ 作为对软弱策略的赔偿而被引进；
> ☐ 作为低劣经营实践的替代；
> ☐ 置于敌对组织的文化之中（命令和控制；个人奖励制度；中级管理层的反对）；
> ☐ 缺乏长期承诺；
> ☐ 不能把来自一个团队的教训转移给其他团队；
> ☐ 低劣的目标设置；模糊的或冲突的安排；
> ☐ 不充分的培训；
> ☐ 不适当的成员资格；
> ☐ 缺乏信任。

如何更好地管理人

有的时候，在以其他类型的解决方法更适当的情况下，组织可能会不假思索地应用团队来联合作业，这些方式包括：基本的领导力、技术的改变或企业家个人的作用。作为一个较大型的组织结构和文化中的一位经理，你需要对如何管理团队、在管理团队中可能发生什么的问题进行思考。

团队的问题：团队成员

- □ 试图太多太早地实现目标；
- □ 工作风格的冲突或个人方法上的冲突；
- □ 强调团队动力损失的结果；
- □ 遭遇未曾预料的障碍；
- □ 抵制新方法；
- □ 低劣的人际交往的技能；
- □ 缺乏团队文化。

所有这些问题都可能在团队内部产生。人们会

6 管理团队

由此变得醒悟并产生挫败感，进而使团队联合作业获得一个声名狼藉的名声，成为糟糕的笑料。

团队绝不能像变魔术般地转换清楚的责任领域和义务界线。如果你正负责一个团队，你需要清楚地知道如下事宜：

☐ 在你的组织中，团队联合作业为什么被促进；

☐ 对"团队"一词，你和你的团队成员是如何认识的；

☐ 团队联合作业在哪些地方是有帮助的，哪些地方阻碍了你的运作；

☐ 团队成员从团队中期待什么；

☐ 人们的群体行为如何；

☐ 如何认识并领导你的团队实现效益最大化。

为什么需要团队联合作业？

团队是在某种程度上被称为家的地方。我相信这一点比其他解释都更清楚地说明了在大型组织中

如何更好地管理人

团队为什么大量流行的原因。对大多数工作来说，团队可能并不是必要的，但是，它们恰好提供了一种满足人们的社会需要的方式。

我们可以运用马斯洛的需要层次论来分析团队是如何实现这一点的。团队具有比部门更受欢迎的名声，因为它提供了一个安全的场所。团队是感觉共同归属的为数不多的人群，因此，它能为我们提供一个从他人那里建立声誉和获得承认的平台。在团队中更容易注重成就，更容易为成就得到赞扬。由于团队在一定范围里从责任上和整个组织的风险上保护它的成员，因此它是自我实现的背景。我们可以在团队的安全界限内实验、考验、发展和检测新的技能。

我们可以把这些利益转化进工作利益中。因为团队可以满足人们的社会需要，它可以帮助人们释放出更多的能量，使人们更加具有生产力和更积极地工作。由于团队是局部管理的单位，它还可以帮助人们更好地理解自己准备要做的事情，以及如何去做。结果，团队被认为能创造：

☐ 更小的压力；
☐ 对工作角色更大的理解；

☐ 对组织更深刻的贡献感；
☐ 不断增加的生产力；
☐ 不断提高的满意度；
☐ 更严密的控制；
☐ 发展的论坛；
☐ 更开放的交流；
☐ 一个实践组织合作价值观的场所。

因此，团队不仅仅是"家"，而且还是个人和组织之间的媒介。组织可以在团队的背景中与个人和谐相处。

你必须对你的团队的社会方面予以注意。团队中所有的人都拥有一定数量的、可以用于我们工作的能量。我们运用这些能量来满足马斯洛所说明的需要。不管我们拥有的是什么，我们都把它投入于我们的工作中。从理论上说，团队允许我们以最小的能量满足这些需要，把大量的能量用于我们的工作！在一个失败的团队里，人们需要把更多的能量用于情绪存在——避免感情受到伤害，或保护自己的自尊意识。其结果是生产力的失去和低质量。

作为一个工作单位，不重视人的社会需要的团队是失败的。这就是为什么如此多的注意力被放在

如何更好地管理人

团队的化学性上,放在构成人的正确组合的组合梦幻团队上。许多咨询顾问提供模式、程序以及分析工具帮助团队描绘它们自己。在现实生活中,我们大多数人改变团队轮廓的能力受到限制。我们不能随意构建团队;我们不得不与自己拥有的人一道工作。重要的事情是,认识你的团队的社会需要,寻求重视它们——主要通过各种不同形式的对话。

人们为了满足自己的个人需要加入团队。但是团队,如同所有的人的群体,具有它们自己的生命。为了理解如何管理团队,从检查团队的行为开始是非常有必要的。

知道人们如何在团队里行事将使我们:

☐ 更好地理解团队中实际发生的事情;

☐ 了解为什么团队对话与个人之间的交谈不同;

☐ 预见冲突,预防或正确处理冲突;

☐ 管理团队的行为;

☐ 改善团队的产出或结果。

因此,我们要检查团队是如何发展的;检查在过程中出现的团队内部结构,以及这些结构如何鼓

6 管理团队

舞或阻碍某些特定的行为。

团队是如何运作的?

我们可以把团队定义为任何数量的人,他们:

- 在某种意义上互相影响;
- 互相意识到对方的存在;
- 感觉他们是一个团队。

这个定义把团队与人群或个人的集合区别开来。一个团队,在我们的定义中,被限制在大约12个人的数量中:任何更大的组群在发展单个特性方面都是困难的,尽管可以在其中划分出更小的组。我们还可以把团队和团队区别开来,团队是为了实现共同目标而一道工作的特殊团队。不管它们是否把自己视为一个团队,人们一道工作将肯定像一个团队成员那样行事。

团队具有两种目标:

如何更好地管理人

☐ 任务目标；
☐ 社会目标。

任务目标关心的是要求完成的工作，它也许是被强行赋予，或来自团队外部。社会目标关心的是团队的特性意识的发展，它的安康状况，以及团队成员互相之间的人际关系及对团队的关系。它们通常在团队中发展。所有的工作团队都追求这两种目标。一般在下列情况中就会出现问题：

☐ 任务目标被社会目标所模糊（团队拥有太多的"融洽"）；
☐ 任务目标被社会目标所抑制或伤害（比如说，独裁专制方式施加的任务，或者当团队处于压力之下时）；
☐ 这两种目标发生冲突（例如，团队的一部分人寻求对另一部分人施加任务）。

团队可以是正式的，也可以是非正式的。正式的团队有意识地被组织，为完成特定的任务或执行特定的职能而创造出来。团队是正式的团队，它们可能是永久的，也可能是临时的：例如，行政管理

6 管理团队

团队或项目团队。非正式的团队自然地出现于个人的反应中,当他们互相组合、谈论、开玩笑、交流经验和为互相的陪伴感到快乐时。

这两种团队都存在于组织中。更广义地说,非正式的团队满足人类的需要,而正式的团队疏忽或不重视这种需要。团队的性质越正式,它就越是以任务为取向;团队的性质越不正式,它就越是以社会为取向。

许多专业人士都同意团队的凝聚力越强,它的生产力就越大的观点。团队的凝聚力源于团队成员之间的互相促进的态度,根据任务目标和社会目标二者表现出来。如果任务目标和社会目标是软弱的,团队的凝聚力将是低劣的,它的业绩肯定受到损害。强的任务目标和弱的社会目标可能有一点效率:团队可能在"不良气氛"中完成任务,而它的焦虑、压力、对抗、挫败和伤害感情的成本非常昂贵。当然,实现任务目标可以增强社会凝聚力。

另一方面,不能清晰地关注任务目标的强的社会目标可能恰好是有害的。在这样的团队里,每一个人所做的都仅仅是为了保持"和谐",或者沉醉于自得其乐之中,这样的团队是不可能有高生产力的。

如何更好地管理人

阐明任务目标对任何成功都是基本的。然而，如果忽视社会目标，就会使我们陷于冲突的危境中。

定义团队

团队由个人组成。一旦进入到团队中，我们主要的渴望是与它结合在一起。我们追求的目标是：

☐ 安康（生理的、智力的、情绪的、经济的、精神的）；
☐ 归属感；
☐ 在团队中得到承认；
☐ 控制我们自己的生活。

如果团队能满足这些需要，我们将做出加强它的回应。如果我们怀疑团队能否满足这些需要，我们可能会在全身心投入前却步。如果我们确信它不能或不会支持我们，我们就会退却——生理上或心智上——或者追求其他一些策略。我们可能寻求创造一个"小团队"，或者通过采取消极怠工的态度威胁团队的存在。与此同时，团队本身开始具有它自己的生命。它的首要目标是存在。如果对抗性力量变得太强大，团队已经分裂，那么新的团队将立刻开始组成。

团队会影响个人的行为；反之，我们也能影响我们加入的团队。重要的是团队里人际关系的复杂网络。

团队持续地发展。团队可能在数小时里组成、成长和破坏自己；也可能在一个阶段上坚持数月，甚至数年。巴里·塔克曼建立了团队发展四阶段模式，这个模式从萌芽到成熟，实践已经证明了它的高影响力。它在20世纪60年代中叶开始发展，塔克曼小心谨慎地指出，这个模式建立在具有治疗会议的工作基础上，而不是工作团队的基础上。虽然如此，人们却经常重复说，许多人碰巧都把它视为团队发展的标准模式；事实上，这部分是因为它简单易行，以及它的常识性要求，它具有一个有力的结构。它似乎是由经验中孕育出来的。

塔克曼的模式把团队发展的通路划分为四个阶段：

☐ 形成；
☐ 磨合；

如何更好地管理人

- 规范；
- 运作。

1977年,塔克曼在模式中加入了第五个阶段——极少有人引用它——被称为"推延"的阶段。

形成

在第一阶段里,若干个个人还没有成为团队,还处于互相试探的阶段。他们正在寻找对方:他们的态度,背景,以及价值观。他们还渴望建立他们自己的身份和给人留下印象。这是一个充满焦虑和潜在的困窘时期。团队领导必须通过识别是什么把他们凝聚在一起,通过公布管理团队行为的规则,从而快速地加强团队。

磨合

这一阶段的特征是冲突。团队成员互相挑战对方的真实观点:我们同意的事物是真实的,这是我们不同的地方。价值观体系(我们认为重要或可以接受的事物)以及信念体系(我们秉持的不言而喻的真理)受到了严重挑战。在晚餐聚会上,这种冲突是"政治的和宗教的"阶段,它们可能带来不舒服感;在工作中,真实观点可能被行动——目标和

6 管理团队

实施工作的方法——所掩盖。

在形成阶段建立的人际关系，可能会受到伤害或毁坏。个人试图采用不同等战术策略，例如，寻求同盟者，退却（"等待和观望"），扩张势力，否决，威胁中断进程，要求得到尊重的权利，抵抗对他们的冲击。团队试图通过认同真实观点——所有的人都认同的价值观和信念体系——的方式来解决这些冲突。

规范

团队已经建立了共享的基准框架：一个建立在共同感知、价值观和信念基础上的得到认同的真实版本。它是团队的规范化表现。它现在已经开发出了一套为实现它的目标的工作方法，分配角色并管理的角色：一个实际的框架，在这个框架中，人们可以一道工作。正是在这个阶段，"集体讨论"开始形成。

"集体讨论"指的是团队对有关所有事物进行集体思考。这个词汇是由欧文·詹尼斯首先创造出来的。他仔细研究了美国政府的对外政策在越南以及其他一些地方的失败。他得出一个结论，对外政策顾问成为如此紧密的一个团队，以至于他们能忽视明显的警告信号，做出灾难性的决策。詹尼斯把

如何更好地管理人

"集体讨论"定义为:"一种思维模式,当人们深深地参与到一个紧密的团队中,当团队成员为全体一致性而努力,不顾自己的动机,不实际地评价可选择的行动方针时,他们从事的就是集体讨论。"

集体讨论是有效的团队联合作业最大的危险之一。它可以出现在缺乏外部检查机制的团队运作的任何情景中,或者在组织具有强大的内部文化的任何情景中。承受集体讨论痛苦的人之间的关系是友好的、紧密联系的,不可能互相反对。他们可能运用内部的语言,讲述私下的笑话。任何一个拒绝接受团队规范的人,都可能被贴上不正常的或危险分子的标签。团队对团队成员应用不断增加痛苦的压力迫使他们顺从。

运作

团队继续做手边的工作,它是完全成熟的,不是所有的团队都能发展到这一步。许多团队在早期阶段就已经变得很棘手——有的时候是不可避免的。其他一些团队则在前两个阶段之间来回折腾,或者由于团队成员的变化而回到前一个阶段上去。

推延

在这个阶段,团队的工作得到完成,将转向其他任务和责任。许多曾经为了互相发展和实现任务而努

6 管理团队

力工作的团队成员，在这个阶段产生了强烈的失落感。其结果是，一些人把这一阶段称为"告别期"。这种或那种形式经常能减轻重返独立生活的念头：在项目结束时的授奖仪式或晚会为这一阶段提供了标志性意识。在这一阶段，团队领导必须强调从团队经验中学习到的有价值的教训，让人们为他们的下一个任务以及他们的下一个团队成就做好准备。

塔克曼的模式能够以两种形式帮助我们。我们可以运用它来帮助我们的团队改善业绩，它可以指出团队可能运作不良的原因。如果在前一个阶段出现的问题继续没有得到解决，团队就无法从一个阶段健康地发展到另一个阶段。团队领导也许试图在没有得到正常阶段认同的基准框架前进入运作阶段。团队成员也许由于共同的价值观和目标一直不清晰，而在正常阶段承受痛苦。团队成员也许为了实现个人的、"政治"的目标，把团队拖进冲突的风暴中，甚至希望完全毁坏它，以达到不得不重新"洗牌"的目的而持续娴熟地操作团队。

团队结构

由于团队的进展必须通过这四个阶段，因此它

如何更好地管理人

发展为一个结构。我们在团队里寻求可预见性：关于其他人的正构成威胁行为的不确定性。团队结构保护它免受这种不可遇见行为的威胁。

团队结构不是一成不变的，也不是永久持续的。它是一个复杂、动态的系统，在许多尺度中运行，这些尺度包括：

- 身份；
- 权力；
- 角色；
- 领导力；
- 爱好。

我们可以把人们在团队中的行为解释为他们努力发现自己在团队结构里的位置，在其中改变或挑战它的证据。

身份

团队中的每一个位置都具有分配它的价值。这种身份也许表现为正式的身份，也许表现为社会的身份。正式的身份是与位置相联系的权利和责任的集合体。社会的身份是被团队测量的那个人的等级——团队给予这个人的尊重程度。

团队把身份授予任何一个能够满足团队期待的个人。我们也许为了满足我们自己的需要——归属感、得到团队的承认或安康——而在团队中寻求身份。我们在团队中的身份总是有风险的。它完全通过其他人的认识（我们也许可以把它称为"好名声"或"名誉"）被创造出来。它可以在顷刻之间被毁坏或降低。团队发挥权威的方式之一是降低团队中某个人的身份。

权力

权力是我们可以对其他人施加的控制。如果我们可以通过某种方式影响或控制他人的行为，我们就具有驾驭他们的权力。约翰·弗伦齐和伯特伦·拉文在20世纪50年代后期辨别了五种权力基础：

- □ 奖赏的权力：对行为批准奖赏的能力；
- □ 强制的权力：惩罚他人的能力；
- □ 合法的权力：由法律或其他法规授予的；
- □ 指示的权力：导致其他人模仿或崇拜的"感召力"；
- □ 专家的权力：源于知识或技能的专业水平。

约翰·弗伦齐和伯特伦·拉文认为，权力的基础越广泛,一个人能发挥的影响就越大。指示的权力是特别有效的。我们所有的人都知道感召力是如何发挥影响的,即使我们不能确切地定义它们。

人们可能在不同的时间寻求行使不同类型的权力。拥有极少奖赏权力的团队成员,可能会作为一个专家来抓住影响团队的机会;缺乏感召力或尊重的团队领导人,可能试图通过诉求合法的权力或强制的权力来发挥自己的权威。

角色

我们在团队里的角色是团队期待我们的一系列行为。查尔斯·汉迪曾经提出,当我们加入到一个团队里时,我们通常会提出三个问题:

1. 我在团队中的身份是什么?我的任务角色是什么?人们期待我做什么?

2. 在团队中,权力在哪里?谁拥有它?它是什么类型的?我想发挥任何形式的权力吗?

3. 我的目标是什么?我需要的是什么?它们与团队的目标一致吗?如果它们不是一致的,我将做什么?

对这些问题的回答,将引导我们走向我们在团队里扮演的角色。

梅雷迪斯·贝尔宾的任务角色模式可能是最著

名的。成千上万的经理现在都在运用贝尔宾的调查问卷来为自己的多种角色种类定位,这些角色种类包括:

- □ 主席/协调者;
- □ 塑造者/团队领导;
- □ 工厂/改革者或创造性思考者;
- □ 监控—评估/重要思考者;
- □ 公司员工/执行者;
- □ 团队员工/团队构建者;
- □ 完工者/细节检验员和推动者;
- □ 资源调查者/团队外部的研究人员。

最近,贝尔宾已经感觉到加入一个更深的角色的需要,这个角色就是专家。根据贝尔宾的定义,一个成功的团队应保持上述所有九种角色的平衡;团队在任何一个或多个角色上的过于强大,都将难以获得成功。

大量方式被用于调查社会角色。我们也许很少认识到团队中一些传统的社会角色:调停者、唱反调的人、公认的傻瓜。一项良好的技术能够区别挑衅的、被动的和过分自信的行为之间的差别。根据

如何更好地管理人

我们对其他人发挥我们的力量的方式,这一简单的模式能辨别出团队中的不同社会角色。另一个模式更复杂一些,例如,互相影响分析,可以辨别出"父母亲"、"孩子"和"成年人"之间的人际关系。神经语言程式把角色扮演分解成了更多的要素。

领导力

团队的这一尺度结构与所有其他人紧密相关,即使领导是从外部强行加入团队的。我们可以把这种背景下的领导力定义为帮助团队实现它的首选目标的行为。领导力现在经常被描述为"促进"行为:做任何让团队实现目标的事情,而不是把人们的能量导入某些特定的方向。区别任务领导和过程领导之间的差异是非常有益的。前者关注于被做的工作,后者关注于构建团队中的良好关系。

爱好

爱好尺度自然而然地出现,帮助人们获得身份或权力,或让他们发挥有效的领导。

爱好和讨厌之间的简单差别似乎是天然的。我们可以发现其他人以许多不同的方式,或以许多我们也许不能——或者不愿——的反对方式进行表述,因而散发出迷人的魅力。爱好可以成为一种情绪依恋或者成熟的人际关系交往;讨厌可以转化为深仇大恨，或者成为挑剔、针锋相对的明争暗斗。我们也许没有意识到团队中爱好和讨厌的结构，可能不得不依赖模糊的线索去辨认。我们自己的行为也许受到相反的影响，运用团队成员提供给我们的那些闲话轶事作为证据——我们有时也许真的希望我们不曾被给予过这些证据！

团队权威

团队运用它的结构对它的成员施加权威。标准是团队的识别特征。抵抗或违反标准，就是把团队拉向危险之中。因此，在正常的阶段里，团队会施加压力，挫败团队感到偏离了自己的轨道的任何人。团队成员可能：

☐ 得到鼓励：通过幽默、善意的讽刺，率直的评论；

☐ 尴尬的：被划归为软弱的、愚蠢的、不负责任的、不合群的——甚至是有害的类别里；

☐ 被排除的：临时的但是故意地排除在对话之外；

☐ 被驱除的：被喝斥"闭上嘴，出去"。

如何更好地管理人

无论何时我们看见团队以上述方式对一个人采取行动,我们就会立刻知道某些标准已经建立。

使团队标准一致的压力可以是巨大的。它可以阻止我们提出观点,或者指示我们应当具有什么样的观点——甚至决定我们如何感知事实。这种压力可以非常容易地摧毁被指派的领导的权威,消除所有有效的权力或身份,而不管他们可能产生的影响是什么。

我们可以用三种方式中的一种回应这种压力;我们可以:

□ 为我们的情况争辩,为我们的困境抗争,尝试说服其他人加入我们的行列;

□ 对任何可能冒犯团队的意见和行为顺从,或者压制它们;

□ 撤退("别处也有世界",引自莎士比亚的《科里奥兰纳斯》)。

我们所做的事情依赖于我们在团队结构中的位置。如果我们具有大量的权力,我们也许较为容易地说服团队根据我们的喜好改变它的标准。如果我

6 管理团队

们具有较高的身份或者有很大的爱好,团队可能会容忍不正常的行为,而不愿意失去一个有价值的成员。

对团队说了如此之多,正如我们曾经阐述过的,团队是特殊种类的团队,必须以特殊的方式对待它们。但是,应用于团队的一切都同样适用于团队。事实上,这些团队发展的模式和行为,将有助于我们现在更加清晰地观察团队——然后更有效地管理它们。

定义团队

下面是团队的定义。让我们检查它并观察它是如何站住脚的。

团队是一组为了实现共同目标在一起工作的人。

我们立刻可以看见"团队"这个词汇实际包含了两种团队。一个我们可能把它称为"工作团队",另一个我们称为"团队"。这两种团队广义的定义由文字本身的历史而来——充满趣味的循环轮回的

如何更好地管理人

历史。

"团队（Team）"一词非常古老。它的最初意思是"分娩（Childbearing）"：从一开始这个词就与生产和给予生命联系在一起。在现代英语中，我们已经完全丢失了它的这一本意，尽管当我们运用"多产（Teem）"或"丰富的（Teeming）"来形容旺盛的生命时，我们依然可以听到它微弱的原始回声。后来，"Team"开始用来形容一群动物，特别是鹅群或猪群。从那以后，它开始被用于描述一群在一起干活的牲畜：比如说，一群在一起耕地的牛。这种工作观点首先与这个词汇联系在一起出现的地方。到17世纪，这个词意已经被大量用于人。在领导或领班的指引下，一队工人在一起，朝着一个方向，被"利用"。

与此同时，这个词汇开始用于一组在体育游戏中同处一方的人。比如说，足球队是一组为了共同目标在一起工作的人。但是，这种新的词意与开始的意思有细微的差异。足球队不是被利用：每一个队员具有大量个人的运动自由，团队必须以复杂的方式对此进行协调，以便实现他们的目标（有意思的是，我们在工作中运用这个词时与在足球比赛中运用它的意思相同！）足球队与任何被利用的"团

6 管理团队

队"在其他方面也有差异。球队成员是行家:没有技能等级,球队可能就会枯竭,不可能取得成功。他们追随广泛的战略,而不是一个刚性的、被强加的过程。令人感兴趣的是,他们还在限定的时间范围内致力于完成任务。

两种团队

因此,我们现在拥有两个补充的团队定义:

☐ 职能性团队(或工作团队);
☐ 创造性团队。

在职能性团队中,一组人履行一些较大过程的工作的一部分职能。工作是持续进行的,团队中的每一个人都在做基本上相同的工作。他们在单一团队领导的指导下没有什么差别。在工作中,最主要的团队形式可能是:传呼中心的服务团队,行政管理团队,装配流水线上的一个单元。在过去,职能性团队可能被称为部门。财务部、销售部、住宅部:它们所有的都是职能性团队。

在创造性团队中,为创造单一的结果,一组具

如何更好地管理人

有不同技能的人被召集到一起。他们的工作不是职能性的,不是较大运作的一部分;它是一个完整的任务。例如,足球队的存在是为了创造一个获胜的比赛。但是,也存在大量其他人组成一个创造性团队进行运作的例子。比如说,为了应用不同的技能治疗一个患者,医院团队被召集在一起;影视公司是为了创造一个单一的作品,把众多不同角色的人聚集在一起的创造性团队;产品团队是一个多职能的团队,他们聚集在一起是为了创造新的产品。

职能性团队:类型和例子

顾问团队
- □ 委员会;
- □ 回顾团队;
- □ 质量循环;
- □ 雇员参与团队;
- □ 咨询顾问。

6 管理团队

生产团队
- 装配团队；
- 制造团队；
- 采矿团队；
- 航空服务团队；
- 数据处理团队；
- 维护团队。

创造性团队：类型和例子

项目团队
- 研究团队
- 计划制定团队；
- 建筑团队；
- 产品团队；
- 任务团队。

行动团队：
- 体育团队；

如何更好地管理人

- □ 医院团队；
- □ 表演团队；
- □ 演奏团队；
- □ 探险队；
- □ 谈判团队。

这一简单的区别对帮助你更清晰地看清自己正在领导的是哪一种团队非常有用。有些人可能会说，职能性团队根本不是严格意义上的团队，而是工作团队。他们可能会争论说，真正的团队联合作业，只有在工作需要一组不同的专家一起来创造一个单一的、可以确认的结果时才开始活动。职能性团队和创造性团队的需要肯定是不同的。在职能性团队中，团队的社会方面特别引人注意，因为工作性质本身不要求把人组织为一个团队。在创造性团队中，社会需要保持一定重要性，但是，任务成为更为重要的目标。在职能性团队中，人们更关心是否具有"在家"的感觉；在创造性团队中，人们关心的焦点将更多地集中在完成任务上。

6 管理团队

团队的规模应该多大？

最小的团队规模大概是两个人（夫妻档或雪橇队）。一些心理学家认为，个人的亚人格中也存在团队联合作业的需要和现象，但是，我们是经理，不是心理学家。

关于团队规模的上限，体育可以提供一些更有用的观点。例如，英式橄榄球协会有 15 个球队，这似乎是一个良好团队工作的最大限度。在控制的管理跨度的背景中，团队不超过 8 个"直接下属"的观点似乎有一定意义。因为它认为，超过这一规模的团队由于缺乏强加的控制要素的原因，也许难以进行有效的会议。

如果你的团队规模比较大，反问自己，如何把它视为次单位，如何才能更有效地管理这些单位。它可能在你的团队工作的职能性方面和创造性方面给予你一些帮助。例如，一个相当大的社会工作者团队，通常在正常的基础上被分解为更小的社会工作团队。

如何更好地管理人

为共同目标工作

另一种常见的团队失败的原因是对目标的理解不清晰。管理层可能没有建立目标，或者建立了团队后来发现目标不现实。你必须确定团队的目标是明确的，而且团队清楚地理解这些目标。当然，最理想的是，团队成员能参与到建立目标的活动中。

你可以采用以下三种方式来思考团队目标：

☐ 职能目标。这些是日常的目标，这些目标有助于团队的正常运行。一支体育团队可能通过定期的训练强调职能目标。管理团队可能根据制定计划、制定预算来理解职能目标，或从组织的较高层面逐级下达目标。

☐ 任务目标。这些是临时的、复杂的任务。体育团队的任务目标是赢得比赛或进入更高级别；管弦乐队的任务目标是尽其所能地演奏特定的音乐乐章；探险队的任务目标是到达它的目的地。职能性团队可能会发现辨别任务目标是一件非常困难的事情，因为对他们而言不存在完成整个任务的目标，他们的任务是阶段性或区域性的。但是，团队文

6 管理团队

化——"团队精神"和我们在团队中评价的义务感和能量的高度——只能通过关注整个工作来体现，所以，我们中只有极少数人会为家务琐事感到兴奋。

□团队目标。这些是与团队本身的安康与否有关的目标。它们根据团队的价值观和团队意欲贡献给满足其成员需要的那些东西来表现。团队可以清晰地说明它们的承诺——帮助团队成员发展他们的技能，发展特定的行为和态度，在更广泛的组织中促进团队自身建设。

所有这些目标必须清楚地被理解，定期回顾和行动——在整个团队中。它们形成每一个团队成员与团队签订的合同的基础。

产生承诺

团队所有成员都必须做出遵守他们的团队合同的承诺。

在现实中，人们的承诺水平是不一样的。总之，我们加入团队也许仅仅因为我们希望得到一份工作，或者因为我们被告知要这样做。我们可能把团队的成员关系视为我们事业道路上的一个里程

如何更**好地**管理人

碑。人们可能带着极大的热情参加团队，但看到的却是自己的能量被团队中的无能或低劣的人际关系所耗蚀。团队中的愤世嫉俗者通常是已经醒悟的、充满热情的信徒；他们对团队比冷漠的不合群者具有更大的潜在伤害。

正是个人和团队之间的这种合同，定义了团队文化的质量。不管是职能性团队还是创造性团队，对单个的团队成员而言，它们的存在都是为了满足他们个人的需要。个人目标与团队目标之间越是平衡，团队就必将越具有凝聚力，越容易获得成功，团队成员的满意度就越大。

为了形成这个合同，团队成员需要说明自己愿意奉献出个人对组织的自主权的要素。在实现共同目标的必要范围内，他们愿意做出这样的奉献。对个人自主权的过分约束，将易于在那些签了约的人之中创造"统一意志"，并在那些已经心灰意冷、听天由命的人中导致更大的怨恨。

作为一个团队领导，你具有保持个人自主权与对团队的责任之间的平衡的责任。你必须找出解决加强团队凝聚力同时允许个人对与他们自己相关的事情做出决定的方法。这可能意味着用其中一个去交换另一个，或者找出第三条解决问题的道路：在

6 管理团队

布赖森在哪里?

我最近在沙特阿拉伯待了一段时间,与电气公司的一组经理一起工作。他们生活在一个他们认为烦恼的、禁止社会乐趣的外国文化中。因此,他们断绝与外界的来往,私下里取乐。这种背景使团队的"团结"加强到了这样的程度:如果一个成员哪一次偶尔没有参加数不清的团队野餐会,团队领导可能就会在公司大楼的休息室的一块白板上公布信息。一天晚上,我读到这样的信息:"布赖森去哪里了?布赖森为什么没有告诉我们他要去哪里?"

我怀疑参加野餐会是否是布赖森曾经签订的雇佣合同内容之一,他的私人生活的其他内容是否因此受到了冲击。不幸的是,布赖森一直没有告诉我。

如何更好地管理人

尊重个人权利的条件下,能够比团队解决或个人解决更有效的方法。例如,在危机情况下,个人非常难以做到站起来反对团队和拒绝违反社会惯例的工作。在这样的情况下,反抗将以地下的形式进行,在以后时机成熟的时候,问题会"化脓"。

你作为团队领导,必须决定团队是否发展了个人,或个人是否正在轻视他们对团队的责任。你需要对团队在什么程度能不抑制个人自主权的同时保持整个团队的团结承担全部义务。通过寻找问题的解决方法和谈判,你需要阐明一个清楚的普通规则,它能够被所有的团队成员观察到。你还需要创造一份包括所有团队成员的行动责任在内的"合同"。它可以是一个强硬的、必须履行的责任;你首先会最好地履行它,依然通过对话媒介:与个人以及与作为一个整体的团队进行有效的对话。

自主的团队工作

是什么促成了一个有效的团队?到现在为止,我们已经观察了所有强调团队需要的内容,拥有清楚的

6 管理团队

身份，清楚的目的意识和清楚的目标。如果你知道团队为什么存在，团队是什么类型，以及你要实现的是什么，你就能很好地创造一个高效率的团队。

这样一个团队还需要什么更多的东西吗？是的，所有的团队成员都将是充满热情的和负责任的；他们所有的人都愿意参与和介入其中。他们关注于实现目标，为了发展技能和增强力量，这些目标是严格的、延伸的、互相支持的、互相帮助的。一个有效团队的成员会反对"统一意志"。他们尊重差异；他们能够真诚公开地互相挑战；他们在为了探索更好的决定而挑战互相的观点时感到快乐。随着团队的不断健康发展，这个重点将不断成长和改变。"加油！"因素将在控制之中被坚定地保持。

我相信，任何团队的效率性都完全取决于对团队给予个人自主权的尊重程度上。人们将自由地承诺他们已经选择去做的事情。他们必须能够拥有对自己工作的所有权。这意味着：

□ 对工作具有一种清晰的责任感；

□ 感性地得到对它的承诺；他们不做这项工作，是因为仅仅被告知或者为了保住饭碗。

如何更好地管理人

拥有自主权的团队联合作业的观点产生出行动责任的观点，本书前面已经对此进行过阐述。它的起点是对个人的尊重，而不只是把个人与团队联系起来了事。

实际上，我不认为这种对个人自主权的尊重会与团队身份产生长久的冲突。大多数的人都希望做出自己的贡献。他们渴望与他人一道工作，并得到帮助。他们寻求支持，寻找归属感。我们找不到个人目标为什么与团队目标不应当互补的理由。

正如我们已经看到的那样，行动责任定义了你应该做的事情，以及你行动时的责任。它定义了你的自主权，以及你作为个人的权力限制。从团队的观点上看，行动责任需要一个"专心于你自己的事情"的政策。团队成员应当能按照他们自己的方式做他们的工作，没有来自他们的同事的建议、帮助、观点、批评或意见，除非他们要求这样的帮助、建议或意见。在热心给予帮助的同时，团队成员如果坚持把自己的观点、意见和解决方法强加于其他完全能够做出自己决定的同时，这是浪费时间和具有破坏性的行为；因为这时候，一个人的帮助已经构成对另一个人的干涉。"专心于你自己的事情"的规则，还可以被称为"仅仅当他们要求的时候提供观点"的规则。

这并不意味着团队不能处理未被恳求的观点。正相反,"专心于你自己的事情"的规则,要求团队具有处理这样的观点的程序。你可能建立一个相反的安排,以便未被恳求的观点在任何时候出现时,接受者能自由地决定是接受这个观点还是讨论它、保留它。不必对它们承担承认的义务,甚至拥有可以对它进行评论的义务。你可以召开定期的自由讨论会,公开地收集未被诉求的观点,并且作为团队的一项工作对它们进行管理。

"专心于你自己的事情"的规则会延伸到对任何一个人的行动责任的限制。它停止在当一个人的工作直接影响到另一个人的责任领域时的任何点上。任何团队都可能具有许多这样的交互作用的点。因此,你还需要建立一套为了在团队中管理这些共享的责任点的对话。

团队对话

有四个主要的团队对话形式。我们可以很容易

如何更好地管理人

地把它们描绘为四种我们已经定义过的对话:

- □ 关系。同意目标、战略和价值观的对话。
- □ 可能性。个人寻求解决问题的帮助的对话。
- □ 机会。一种交互式的解决问题的对话。
- □ 行动。日常支持性对话。

目标、战略和价值观

每一个团队都需要定期地举行会议——每个月一次,每个季度一次,或至少每年一次——以阐明它的目标,回顾它的进程,提醒自己希望成为哪一种类型的团队。这些"团队约会"非常重要,特别是如果它们很少举行的话。如果它们发挥得好的话,它们能更新团队的凝聚力,为团队成员提供解决团队问题的机会。它们为团队的下一个经营期提供一个坚实的基础。

团队中的每一个人应当把团队约会视为神圣的事情。约会时间应当预先确定。在议事日程上,不应该有任何事情取代它们。现代商业生活的现实使人们难以改变团队约会。人们发现,如果组织对这

6 管理团队

个观点做出认真的承诺，他们更容易地做出同样的承诺——组织每个季度停业一次，专门用于团队约会，那么它的重要性将得到重视。

这些会议要求大量制定计划的工作。作为团队领导，通常由你承担这一责任，但是，你有时可以把这一任务全部或部分分配给团队的其他成员。你也许还认为，有时引进一个外部的推进者，寻求代言人或会议主持人更为有利。借用外来者可以使你免除过程责任，让你以一个团队成员的身份参加你的团队约会，把精力集中在要讨论的问题上。

检查所有的团队成员在会议上感兴趣的东西，关注战略问题：团队的理念或目标，它的价值观和他们可能正轻视的东西，它的运作程序和他们可能需要加强的东西。

这些约会的真正目的是为了加强和巩固团队。共享的目标和价值观定义了团队。认同它们因此必须是一个供人分享的过程。达成一致的意见是实现你们寻求的协议的最佳途径；应力图避免进行表决。最终的决定必须由你做出，因为你是团队领导。你可以通过做出执行决定来达成一致意见：人们指望你带领他们并遵循一致意见，如果他们确信这样做有意义的话。他们也许并不同意你的决定，但是，

如何更好地管理人

如果你作为一个负责任的领导已经努力地行动,他们就可能乐于接受它。你应当为战略寻求广泛的支持,而不要拘泥于在每一个细小步骤上寻求一致。你应当始终为你的决定清楚明白地说出理由。

这个重要的会议是为关系进行对话。我们是谁?我们在相互的眼中是谁?我们处在哪里?我们希望去哪里?如何把为关系进行对话的重要原则扩展到团队约会的通知中,我们应当对此进行思考。

个人解决问题的方法

这是一个为可能性进行对话。如同所有这类对话一样,它是非常难以进行的对话。团队成员可能感到张口请求帮助是一件非常困难的事情。在许多组织中,形成了一种风气:我们被雇佣是为了让我们解决自己的问题,而不要把这些问题推给别人。在这样一种文化氛围中,寻求帮助本质上是承认自己的无能和不足。

因此,作为团队领导,你必须明确地鼓励这种对话发生。你必须尽量清楚地说明这样的对话证明了开放的思维和学习的意愿,这是任何一个成功的团队的基本价值观。此外,如果你正在解除"专心于你自己的事情"的禁令,人们要求他人给予帮助就会成为更自然的事情。这个禁令清楚地禁止人们主动提供观点;因此有必要解除它,鼓励人们要求给予帮助。

这种对话的风格应当是提供帮助,而不是提供解决方法(除非是非常简单的问题)。团队成员需要认识到为机会进行对话的动力,以及询问和它所包含的技巧的动力。从本质上说,帮助者正在努力理解他们的同事面对的问题,帮助提出要求的人找到他们的解决方法。

交互的问题解决

这是为机会进行对话。机会通常由某些形式的争论或辩论的形式表现出来。冲突是一个信号,它表明有些事情正处于危险之中:可能是重要的团队价值观发生了冲突,也可能是对前进的战略问题产生了不同观点。如果你不能使冲突化解为团队必须解决的问题,争论或辩论似乎就不可避免。

这种对话主要是获得把冲突转化为行动的机会。通过确定出问题"如何"的答案,你就为团队提供了检查和管理问题的创造性机会。你是否关注

如何更好地管理人

了那些需要开放的、激进性思维的问题？或者从那些经过了深思熟虑的计划挑选出来的问题？成长、发展和取得新的成功的机会在哪里？

日常的支持

我已经把这些活动划分为行动的对话，这比任何事情都更清楚和明白。它可能延伸到这样一个点上：很少有人以我们迄今一直看待为行动进行对话的方式，把这些支持性对话视为行动的正式要求。但是，为行动进行对话本身，是支撑有效团队生命的支持性对话的样板。它以互相信任和尊重为基础，以我们理解同事对我们提出的任何要求都可以接受或拒绝为基础。没有任何事情是强加于人的。

在一个有效的团队中，同事之间可以在感情层面、职能层面或任务层面上密切分享。个人的成功归功于团队的成功：我们所有人都为其他人的成就感到高兴，为他们的失败感到难过。这种亲密感可以满足我们的归属需要，给予我们获得更大自我成就的自信。

这种感情的支持是有效团队特征的基础。它只能出现在寻求合作而不是寻求竞争的人际关系中。

当然，团队中友好的竞争不是一件坏事情：它能帮助我们建立新的标准，建立刺激团队成员仿效的最好榜样。但是缺乏信任，竞争就可能成为破坏性的。信任是这种对话的最重要条件。在这里有一条清晰的法则："假设对话意图"。遵守这项法则——特别是当事情出错时——是把事情做对的最有价值的第一步。它确保直接的消极反应被探索发生了什么、它为什么会发生，以及如何阻止它不再发生的积极意图所取代。

团队会议

团队成员必须经常会面。所有定期会议都可能面对流于形式的危险：定期会议很快就被人们视为讨厌而不是更有兴趣的事情。下面提出的解决这一问题的策略，也许有助于改变你管理会议的方法。

团队定期会议

愿意分配工作的团队领导会更积极主动、更富

如何更好地管理人

有趣味和更成功地领导团队会议。考虑这样举行下一次团队会议：

☐ 团队领导在会前非正式地制定出会议议程。任何希望提出意见或增加内容的人，都可以列在名单上。电子邮件对这种做法特别有价值。

☐ 在会议一开始时确定会议议程。每一个参加会议的人都必须对自己所拟定的内容进行调整。会议要决定哪些问题是值得讨论的（可能另一个团队成员可以在会外解决这个问题：简略地交谈、备忘录、内部张贴的报告）。

☐ 为议程上所有已决定的条目限定时间。整个会议必须有一个最大的时间限度——由团队领导决定——不允许突破这个时间限度。这样做的目的不是为了用足分配给某一个议题的时间，而是为了尽快地完成会议。

☐ 现在的议程是完整的。不再增加任何新的议程，除非到下一次开会时。

☐ 每一个议题都由认同议程的与会者"自己管理"。在讨论过程中，他们必须询问：

——任务或问题被清楚地理解了吗？
——专门的技术正在被辨别吗？

——知识正在被分享吗?
——我是否在团队里创造了一个合作的氛围?
——所有的人的声音都被听见了吗?
——是否对某项决定达成了一致意见——没有通过表决?
——主席的角色被减少到了最小化吗?

☐ 主席记录下每一个议题的内容,把所议题事项的记录写在活动挂图上,以便所有的人都能看见。

☐ 严格地遵守时间限制。

☐ 在会议结束的时候,团队领导总结会议做出的决定和执行的行动路线,然后邀请大家对下一次会议提出倡议。

这样的过程可以增加团队成员的主人翁意识。开放的氛围使所有的观点都可以在平等的基础上得到表达;大家认同会议达成的解决方法,而不是把观点强加于人。调查表明,在一个接受这种方法的公司里,花在团队会议上的时间比原来减少了1/3。

团队基本情况通报会和业绩回顾

团队基本情况通报会,使团队会议发展为一个

如何更**好地**管理人

管理信息系统。团队基本情况通报会的目标是，确保每一个成员都知道和理解他们以及组织中的其他人正在做什么——以及为什么要做它。团队领导者和他们的团队成员定期聚在一起，大约半小时，谈论与他们和他们的工作有关的问题。团队基本情况通报会，建立在由高级管理层提供的"核心大纲"的基础上；随着这一信息的层级要素逐级传递到第一线，每一个团队领导都据此写出自己的报告大纲。

团队基本情况通报会的拥护者强调，这种方法能让团队评价大纲，评估它与他们自己的工作的适当性，并依次交流回到经营第一线。团队基本情况通报会还有许多其他的益处，例如：

□它能加强管理。团队基本情况通报会对团队领导是一个领导机会。对第一线经理而言，特别重要的是，它可以提醒他们记住领导责任和他们对团队业绩的义务。团队基本情况通报会为管理提供可信性，确保团队从经理那里听到管理信息。

□它能提高承诺。团队基本情况通报会，改善了团队对它的目标以及组织的承诺。说明一项工作为什么需要做与告诉人们它必须做同样重要。

6 管理团队

□它能预防误解。谣言的不胫而走经常对团队士气和效率造成威胁。团队简报有助于防止谣言的蔓延!

□它有助于促进变化。正如皮特·森格所观察到的那样,人们不会抵抗变化,但他们会抵抗被改变。团队简报有助于保持人们与正在发生的事物的联系,给予他们为变化做出贡献的方法,避免成为变化的牺牲品。

□它能改善与上级的交流。在一个信息空间中寻求人们的观点,很可能要求他们不经大脑思考就提出意见。如果不要求提供,人们可能不会自愿地提供观点:团队基本情况通报会为高级管理层提供了做出这种要求的定期机会。它还提供了一条反馈以及其他向上交流的永久渠道。

与更非正式的团队会议不同,团队基本情况通报会必须由团队领导来主持。由于基本情况通报会应当由经理对团队业绩负责任,因此,对工作团队中的所有人而不是根据管理身份进行通报可能更有意义:例如,一线经理与他们的生产线团队,而不是与其他的经理一起得到通报。基本情况通报会的选择也会受到团队规模的影响:如果团队太小,或

如何更好地管理人

太大，交流、控制和互动作用都会受到伤害。

团队基本情况通报会成功与否，取决于是否能培育真诚的对话。否则，团队基本情况通报会很可能会变成仅仅是组织管理严密的、家长式控制、准军事化的一个信息流系统。高级管理层可能掉以轻心地认为，团队仅仅需要知道必须履行的决定。

团队基本情况通报会还必须是一个彻底有效的系统。如果你是团队领导，你可以建立自己的团队基本情况通报会，但是，如果它们能够成为你的组织中更广泛的交流过程和结构中的一个组成部分，它们就会更加有效。

团队业绩回顾能促使团队基本情况通报会向前迈进一大步。它使人们看清自己如何根据目标量化自己的业绩。作为团队领导，你还可以运用团队基本情况通报会反馈你对事物进展情况的印象，把团队工作与其他团队的业绩联系起来，进行比较。你甚至可以运用它询问团队成员对你正在做的事情的观点！

定期举行团队基本情况通报会和业绩回顾：不仅仅在遇到危机时，或者当事情变得糟糕时。月度回顾是一种常见的做法。要确保整个团队都出席（如果团队超过了20个人，如果会议必须经常包括

6 管理团队

某些经营活动,如果你在轮班制度中运行,你可能希望举行两个会议)。观察下列原则:

- □在工作日或轮班开始的时候举行会议;
- □经常在规定的时间里进行;
- □会议应当持续 10~40 分钟;
- □在工作场所、在远离电话和其他无干扰的安静区举行会议;
- □创造友好的、积极的气氛。

"四 P 原则":

- □进步(Progress)。我们的成就。如果适当的话,还包括个人成就。反映迄今为止团队已经实现了的目标。之所以从"进步"开始,是因为它能帮助我们在团队中创造一个积极的感觉。
- □政策(Policy)。组织中其他部门的发展是如何影响我们的工作的。
- □人(People)。任何影响团队成员的相关事情,都有助于加强团队。
- □行动要点(Points for action)。我们需要在未来做的事情。任何新的目标,或特殊的行动要点。

如何更好地管理人

由于你的信息是从高级管理层传递下来的,你有必要积极仔细地表达它们,并对可能发生的问题进行预测。运用你的语言和团队的词汇——而不是高级管理层的语言或"组织的腔调",列举出具体的例子支持你的观点;诚实地回答问题,或者安排在以后某个时间回答这些问题。

作为团队实验室的会议

会议应当在团队能更清楚地行动的地方举行。会议还是你可以更公开地检验你的领导力的场所。因此,管理会议中的团队行为是重要的。在会议限度内,可以接受的事物将被团队视为在任何地方都是普遍可以接受的。

因此,把会议作为一个实验室,在那里,你正在测试和提炼你的团队的行为和价值观。更广泛地说,我们可以把团队行为分为以下几类:

- 任务行为:为团队任务目标做出的贡献;
- 过程行为:帮助团队发展和加强;
- 非职能性行为:包括任何阻碍或阻止团队在任务或过程目标上获得成功的东西。

6 管理团队

任务行为

这些行为包括：

☐ 开始：定义问题，重新定义问题，提出建议，介绍新的信息，提出解决问题的方法；
☐ 寻求信息；
☐ 给予信息；
☐ 建立标准；
☐ 调整：相互之间交换观点，比较信息；
☐ 构建和详细阐述：发展观点，给予例证，增加细节，创造情节；
☐ 总结：重述，重新组织信息，重复和阐明；
☐ 评估：针对价值和适当性；
☐ 诊断：寻找问题的原因；
☐ 检测一致认同或不认同。

过程行为

这些行为包括：

☐ 鼓励：积极地回应，赞扬，接受；
☐ 看好门：让其他人做出贡献；
☐ 停止：结束似乎是非建设性的或违背直觉的

如何更好地管理人

争论；

- □ 理解：聆听和从他人那里得到更多启发；
- □ 改变方向：从一个人到另一个人；
- □ 表达团队感情；
- □ 调停：在发生冲突时；
- □ 减轻紧张感：通过休息或讲幽默的故事。

非职能性行为

非职能性行为使会议延续太长的时间，偏离会议议程或造成混乱。它能提供在团队中造成紧张和没有解决的问题的重要线索。它们包括：

- □ 进攻；
- □ 阻碍；
- □ 自我坦白或寻求移情作用；
- □ 竞争；
- □ 特殊的辩护；
- □ 寻求注意；
- □ 消极的或讨厌的幽默；
- □ 退却。

区别这三种行为的差异可能是困难的，特别是

6 管理团队

如果团队包括不同文化背景的人。作为团队领导，关注目标——以及时钟——你将非常难受地被迫去辨别表现这些行为的少数人。你可能下意识地对这些行为做出反应。

从过程方向中区分出任务方向可能是有益的，运用外部的促进因素是有价值的。不过，对少数这些行为进行鉴别和回应，然后根据需要分别对它们予以鼓励或阻止，这样就可以在会议中和会议外充分地改善团队的业绩。

构建你的团队

把一组人建设成一支团队，是最大限度地实现管理任务的有效方法之一。它也是一个长期的过程。不要期待在短短的几天里就取得团队建设上的惊人成果。

你构建团队的目标应当是创造一个集聚人的团队，在这组人中间：

☐ 在不同的时间里分享领导（特别是任务领导）；

如何更好地管理人

☐ 责任成为集体共担的；
☐ 团队具有它自己的明确目的；
☐ 解决问题成为一种生活方式；
☐ 团队的效率性能得到集体评价。

你作为团队构建者的责任包括：

☐ 制定和维护团队目标；
☐ 建立和促进团队价值观：社会的、行为的、任务导向的；
☐ 维护团队的特性；
☐ 帮助团队保持向外的视野：欢迎新人和新观点，在更广泛的组织里以及与顾客或合作伙伴的关系中具有前瞻性；
☐ 有效地与团队进行交流，帮助团队成员互相交流；
☐ 尽可能让团队成员参与到与他们相关的决策中去。

有效团队的所有事情都取决于团队的凝聚意识。没有信任和开放，任何事情都是不可能的。然而，如果你希望团队成为创造性的和敢于冒险的，那么，马斯洛的基本需要层次理论——在团队中任何人的基本需要——必须得到满足。

鼓励合作

当然，合作意味着一起操作。人们的工作被整合进同一操作的机会越多，他们的合作就越多。

在实践中，合作通常容易受到竞争的侵害。竞争出于对成功的自然渴望：如果我们的成功依赖于团队其他成员对合作的拒绝，我们将开始竞争。竞争可能帮助个人实现成功，但是，它不会帮助团队发展（尽管它可能帮助一个团队战胜另一个团队——这是另一回事）。尝试做好工作和尝试打败某个人是两件不同的事情。如果能使这两者结成同盟，竞争可能具有一些价值。但是，它们不大可能结成同盟，结果只能使团队业绩受到损害。

合作能帮助团队分享资源；它帮助团队获得个人的不同技能的优势；它培育出被我们视为团队工作基础的社会行为。你在自己的团队中培育出来的合作越多——在团队和其他团队之间——你的团队的凝聚力和效率就越大。

如何更好地管理人

培育信任

反复无常对信任的建立是不利的。为什么每一个人都要信任经常合并、裁员、解雇和给自己发放巨额奖金的高级管理层？你在构建你的团队时的最大任务可能是，在一个完全不重视信任的组织文化中培育信任。

你如何做到这一点呢？这是一个长期的战略。信任需要赢取，而不能被要求，它意味着把人当做一个完全成熟的成年人来对待，它还意味着要实施下面六个特殊的管理实践：

□ 开放地交流。使团队保持信息畅通。说明政策变化，并对业绩提供准确的反馈。公正坦诚地对待自己的问题以及你的行动责任的限制。说出事实真相。

□ 支持团队。使自己成为对团队有用和可接近的人。为团队成员的观点提供帮助、建议、指导和支持。

□ 给予尊重。分配是你可以给予的最有力的尊重方式。实际地聆听其他人的看法，证明你正在认

6 管理团队

真地思考："这个看法的好处在哪里呢？"

☐ 公正。在应当得到信任的地方给予信任，对那些应当得到赞誉的人给予赞誉。提高你的评价技能。

☐ 一致性。恪守你的诺言，实践你所倡导的东西，体验你的团队的价值观。目的是提高自己日常与人交往的预测能力。

☐ 以身作则。通过证明你的能力、你的才干、你的专业知识和你对团队的义务的行动，向团队成员提供你的可信度。

处理失败

当团队面对失败时，正是你应用所有的领导技能的时候。如果目的没有达到，如果目标没有实现，如果任务或项目出现问题，或不能按时完成，此时，你必须带领团队齐心协力向前迈进。

如果把缺点和问题直接归咎于你的团队中的个人，事情处理起来也许会比较棘手。但是，假设不是你的团队——甚至整个组织——而是因为自己的过错没能实现目标，那怎么办呢？也许你从一开始

如何更好地管理人

的时候对目标就过于乐观；也许是市场力量的干预，等等。处理失败无疑是你将面对的最大的领导任务的挑战。

□ 你在艰难时期依然对保持团队的全部承诺负有责任。人们需要得到鼓励，而不是惩罚。任何事情都不可能完全按照计划发展，制定计划的行动本身并没有错。大量证据表明，制定了计划的组织和团队，要比不制定计划的组织和团队做得更好。

□ 以积极的结果和正在采用的把事情做正确的积极行动来唤醒团队。如果行动是紧急措施，即应充满热情地推动它。

□ 绝不要推卸责任。绝不要为你的团队的失败责备他人。如果你这样做，就是在破坏你自己和你的团队；作为领导，你的可信性就会大打折扣。

□ 在与人交往和沟通时，记住，失败总是令人沮丧的。如果人们看不见成功的前景，他们将丧失勇气。你可能需要增加一对一面谈的次数，或更频繁地做走访工作，或举行更频繁的非正式团队会议。你可能还需要修正已建立的目标。

□ 在经历了重大失败以后，足球队的经理会敦促球队保持勇气和信心。这是因为经理已经为下一场比赛制定了计划,他需要保持球队的士气。不要垂头丧气。想想你可以重振士气的所有积极的方式。

团队是一个复杂的适应性系统

团队像什么?团队是一个复杂的适应性系统,它由能够适应它的环境而安排的、形成系统的要素组成。所有活的物体都是复杂的适应性系统。当前正在探究的许多思想都支持这样一个观点:组织的运动与不断变化的环境中的有机体的运动非常相似。

你可能以同样的方式思考你的团队,它不是一个大型机构中职能性的或机械性的单位,它是一个鲜活的集合体,像有效的生命系统一样,在它的环境中运行。这样的环境由组织中的其他团队和其他人构成,还包括团队已经接触的任何人,或者那些影响它运行的人:顾客、供应商、商业伙伴、管理顾问、内部的伙伴、孩子、朋友……一旦你开始以这种方式关注团队,你就开始看到它有多么复杂。这种复杂性来自它的生活环境。团队在自己的环境

如何更**好地**管理人

里发生作用，并受到环境变化的影响。

最有效的团队能游刃有余地生活和工作在它所处的环境中。团队绝不会作为一个密封的单位存在。它在外部世界里诞生，它必须始终认识外部世界将会发生的事情。事实上，复杂的适应性系统的定义特征之一是，"在这里面"和"在那外面"之间的界线是模糊不清的。

一个有效团队的最佳表现是：

☐ 拥有一个实在的目标意识；
☐ 保持独一无二的特性（正如你保持了你的特性一样）；
☐ 把当前的现实视为一个同盟者（不是一成不变地与外部影响抗争或对外部环境的失败予以责备）；
☐ 认识变化，并借助变化力进行工作；
☐ 保持极大的好奇心；
☐ 与所处的环境共同发展。

作为发展有效团队的一个主要战略——我选择这个词，是为了强调团队是生命之物，而不是我们可以任意操纵的机器——必须遵循一些简单的原则：

6 管理团队

□ 把团队视为一个团体,而不是一个操作单位。这个团体需要什么?你如何认识其中的需要?把你的团队作为一个团体你可以做什么?团队如何开始像一个团体一样行动?

□ 不再强调经营规则。挑战"它一直被这样做的方式"。带领你的团队定期地远离经营性思维,并询问:"如果不这样做,结果会怎样?"

□ 鼓励对现实的多样性阐明。换句话说,欢迎和包容大量不同的观点。实际的鼓励人们提出可选择的观点。从团队外部邀请客人,把团队送到外部去看看其他地方的事情是如何发生的:组织的其他部分、不同的场所、不同的部门、其他的专业,参观艺术馆和听音乐会。

□ 开展对话。开放你的交谈风格,做任何你可以使人们充分地交流他们观点的事情。

□ 保证信息渠道畅通无阻。确保你的团队知道在哪里可以找到它需要的知识;鼓励人们勇于探索更多的东西;运用数据库和实验室;把人们送去参加组织以外的讨论会和研究会;对新的观点保持饥饿感。

7 管理项目

或迟或早,你可能都必须管理项目。越来越多的组织把项目看做是进行实际变化的主要工具,如果它不是惟一的工具的话。

项目管理的职能超越了经理所有正常的职能责任的范围。它要求你具备一个领导者、计划者、组织者和监控者所拥有的特殊技能。我们在这本书里阐述的所有这些技能,对你担任项目经理都有用。不过,你在不同的背景中操练它们的方式将会有所不同。

"项目"这个词经常被贴上一些偏见的标签。你可以把项目思考为:

- ☐ 极端技术的;
- ☐ 复杂的;
- ☐ 非常专业的;

如何更好地管理人

□伴有大量的文字工作的。

一些项目的确具有上述四个特点！但是，同样的是，许多更简单的任务也被称为项目。制作和处理过多的文件成为许多项目经理头痛的一个问题，尽管一些组织现在鼓励经理运用软件创造和管理项目记录。

在这一章里，我们将探讨管理项目的本质。项目经理需要以不同的方式管理人，我们在这里集中精力讨论的正是这些新的管理人的技能。

什么是项目？

项目就是特殊的任务。对这一定义再发展一点，我们可以说，项目是一件具有特定目标和惟一的、特定的结果的工作。项目为了创造某些新的事情而产生。一旦新的创造成为存在，项目就结束了。

为了实现这个惟一的、特定的结果，项目必须详细地定义出时间表和成本。它通常包括多个阶

7 管理项目

段：通过定义，使这些阶段成为通向成功的一个具体步骤。每一个阶段包括"可交付性"：存在一些可被证明的结果，能够表明该阶段已经完成。项目团队必须依次完成这些步骤，如果最后的结果要被完成的话。阶段还能帮助项目领导和高级经理监控项目的进程。

项目存在于组织的正常经营之外。经营性工作是那些从事它的人所熟悉的、有规则的、重复的活动。我们通过运用现存的技能和经验，根据标准的程序和路线从事经营性工作。一般来说，经营性工作是由组织通过职能的线性结构的需要被决定的。

经营性工作通常都有一套处理未曾预料的情景的程序。当然，这样的应急程序仅仅能应付未预料的情景，而这些情景是组织已经告诉自己必须预料的！当出现真正未曾预料的问题，不能用已建立的方法和实践来解决时，组织就面对变化的需要。

实现变化意味着在经营性工作的界限之外开展工作。要实现这一点，就要求新的方法、工具和技术，需要新的技能和能力。时间和成本被予以高度重视，并努力从工作中定义出渴望的结果。因此，在执行这一特殊任务的过程中发生的每一件事情，都被视为临时活动团队的一部分，这个任务是单独的，与经营活动分开的。特殊的任务作为项目就这样诞生出来。

项目的特征

项目在下列几个方面与经营性工作不同：

☐ 具有特殊的目的；
☐ 通常不是常规工作；
☐ 由相互依赖的活动组成；
☐ 已经对时间做出了严格的规定；
☐ 经常是复杂的；
☐ 已经对成本做出了严格的规定；
☐ 容易被取消；
☐ 对变化必须是有弹性的和能够积极响应的；
☐ 包括许多未知数；
☐ 包含风险。

7 管理项目

项目具有自己的生命。事实上，它具有有限的生命周期，包括概念形成、出生、成长、成熟和消亡。它几乎肯定必须不断取得进展，改变形态或方向，根据其的需要回应组织的需要（因此项目如同团队，是一个繁杂的适应系统）。但是，如果它要生存下去，它就必须保持它的特征。项目的特征被它的目标所定义。项目所涉及的每一个人都必须在有控制的方式下相互努力，以实现他们的目标。

项目中被经理采用的所有工具、技术和方法，是非常相似的。它们的不同仅仅在于根据项目的长度和复杂性有所变化。经理通常仅仅在大型和高成本的项目中，选用复杂的分析制定计划和监控手段。短期项目一般只需要几个人，较简单的方法和程序就足以应付。管理项目的基本技能是相同的，不管它是大型项目还是小型项目。

项目的困难

项目的性质和它们的基本特性表明，它们是非经营性工作，因此它会产生出许多困难。在这里，我们把可能面对的困难列出一个清单（它可能长得有点令人厌烦），它们是：

如何更好地管理人

- [ ] 没有时间去制定有效的计划；
- [ ] 不清楚权利和义务；
- [ ] 不现实的时间表；
- [ ] 缺乏对涉及的工作量的认识；
- [ ] 缺乏必需的时间，个人"工作负荷过重"；
- [ ] 对所需要的时间做出低劣的估计；
- [ ] 职能障碍和低劣的合作；
- [ ] 谋求权力扩张；
- [ ] 低下的士气（我们为什么要做它？）；
- [ ] 低下的动机；
- [ ] 个性冲突；
- [ ] 错误的团队成员组合；
- [ ] 管理团队中的冲突；
- [ ] 没有人"拥有"项目；
- [ ] 受到"外人"的干涉；
- [ ] 所有人都是有责任的（"不要责怪我"综合征）；
- [ ] 缺乏持续一致的方法（"我们在这里不按这种方式行事"）。

处理或避免这些问题包括：理解你将领导的项目的所有方面，责任的结构，以及你的项目将要遵循的生命周期的所有阶段。

7 管理项目

项目之窗

向窗外看一看。如果你不是足够幸运地拥有一间独立的带有窗户的办公室,那么,请借你的经理的办公室的窗户向外看一看!

你看见了什么?如果你离窗口有一段距离,你的视角将受到限制。离你更近一些的其他目标会吸引你的注意力,妨碍你从外部接收信息。如果你走得离窗口更近一些,你的视角就会发生变化。你可能不能立刻接收到所有的信息:你必须上下左右进行审视,把所有的东西都看在眼里。为了收集所有的信息,重复审视可能是必要的。你的兴趣和好奇心带领你更加走近窗口,以便看清所有的事物。这时,你已经把通过窗户呈现出来的所有信息都纳入到视野中,排除了局部的分心之物。

同样的情况可以应用到观察项目中。当你被任命为项目领导人时,项目的窗口使它第一次呈现出来。在这一刻,窗口可能看上去非常小,因为它是远距离的,这时可能具有下列特征:

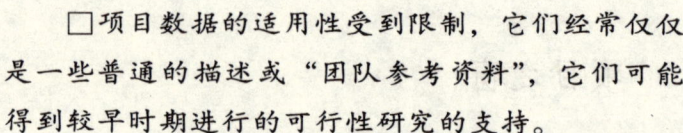

□项目数据的适用性受到限制，它们经常仅仅是一些普通的描述或"团队参考资料"，它们可能得到较早时期进行的可行性研究的支持。

□项目说明书可能是含糊不清的。几乎没有制定计划，没有人对所涉及的事情有任何真正的认识。

□项目肯定具有一些目标，尽管这些目标并非总是立刻能出现在你面前。确定的目标经常是不清晰的，有时甚至是误导的。

□资源的可用性可能没有得到注意，但是，有些人却建立了预算制度。

因此，你通过这一窗口进行观察的视角是非常有限的。你可以利用的信息，受到那些首先发明该项目的人的观点的限制。你在这个阶段拥有许多分心的事情，主要是日常经营性活动。这些活动必须继续进行，你的项目领导的角色是一个额外的负担，它可能导致额外的压力。

如果项目启动得好，你就必须快速地移近窗户。这个视野是模糊和令人困惑的。你必须思考可利用的资源，开始为项目集合核心团队。这个团队

7 管理项目

可能由你自己的团队成员或与之有密切联系的人组成。下一步的前进对整个项目的成功与否是至关重要的。它由两大步骤组成:

☐ 把项目置于背景中;
☐ 辨别所有对项目感兴趣的人。

这时的窗口对上述两点都只能提供极少的信息,甚至根本没有有用的信息,你不可能在扩大视野、了解更多信息以前,就开始投入,为进程制定计划。

把项目置于背景中

你与你的核心团队都需要理解项目在组织中的背景。你需要回答下列这样一些问题:

☐ 这一项目将如何匹配公司的战略?
☐ 它为什么是必需的?
☐ 过去已经做了什么?
☐ 该项目的真实目的是什么?
☐ 我们为什么被挑选出来从事这个项目?

如何更好地管理人

- 如果项目能够成功,我们能从中收获什么?
- 如果我们失败,会发生什么?
- 组织能从这个项目中收获什么?
- 高级管理层的期待是什么?

对这些问题或其他一些问题做出回答能够为这个项目创造出一个愿景,使我们能透过项目窗口一目了然地认识它。核心团队可以因此而更深地介入该项目。他们将理解隐藏在项目之后的原因,以及要处理的风险。

辨别利益关系人

利益关系人包括任何一个与项目结果有利益关系的人。这从你和核心团队开始:你的利益是显而易见的。但是,除此以外,依然有其他许多人在项目生命周期中或者与它的结果有全部或部分密不可分的既定利益。

每一个项目应当有一个发起人,一个直接发起这一项目并在高级层面对此负责的高级经理。首先要确定这个发起人并尽快地了解他们。然后在你的团队的帮助下,你必须评估所有其他可能的利益关系人。他们所有的人对项目的目的及其结果的期待都具有不同的认识。因为所有的人都能对项目做出这样或那样的影响。除此以外，每一个利益关系人都有他们自己的议事日程、价值观、风格和渴望，他们必然会把这些东西带进项目中。

利益关系人可以分成两组：

☐ 内部的；
☐ 外部的。

你必须获得内部利益关系人的支持和承诺。政策对你能够在整个职能界限中实现的合作程度施加影响。你的项目必然会与其他项目以及日常的经营活动竞争资源。其他经理可能认为他们应当领导你的项目，因为他们相信他们可能把工作做得更好。竞争和怨恨可能产生困难的人际关系，导致相互间的冲突。

外部的利益关系人包括终端使用者和顾客（他们不一定是终端使用者）、地方团体、外国机构、供应商、管理顾问和承包人。他们的影响也许是中心的，也许是边缘的，它们要么发生在项目生命周期的开端，要么在其后的时间里。

如何更好地管理人

　　管理所有这些利益关系人也许是你在管理项目过程中必须面对的最艰难的挑战。你拥有超越他们大多数人的有限权利，你可能发现要用你的优势去影响他们是非常困难的。虽然如此，你必须找出一条有效地管理他们以便他们能积极地支持你和你的项目的途径。

项目领导

　　项目领导的责任范围超出了普通职能经理的责任范围。项目天生就超过正常的、可接受的组织的线性层级。它与所有层面的经理建立起与众不同的、短期的联系。应当如何建立和保持这些联系并非总是清楚的。责任和义务的界线也许被错误地定义，也许面对的是几乎没有任何前车之鉴的实践。项目经理通常会发现自己处在一个不正常的位置上：处于正常的层级之外，可以自由地决定自己的角色，但是，非常容易受到来自同事、下属和高级经理的反对和攻击。项目领导人经常不可避免地被视为正常经营活动的障碍。

7 管理项目

是的,项目管理就应当如此。如果你不把变化带进你的项目中,你为什么要为它奉献出如此多的精力?你的项目是如何与组织的更广泛的目标保持一致的?你的发起人是谁?他们能够给予你的项目的支持是什么?总而言之,你为什么相信这个项目?没有你强烈的对变化和实现你的目标的承诺,你的项目——与大多数项目相似——也许注定要失败。

项目领导人的重要特征

项目领导人:

□ 对实现项目目标负责;
□ 对项目经营以及高风险的境况清楚地负全责;
□ 被限制在从组织内部或外部获得资源的权力范围内;
□ 被期待获得结果、顺利地通过已建立的程序和定律;
□ 被期待在未知和未曾预料的领域里成功操作并获得结果;

如何更好地管理人

□ 容易受到对其他经理的低可信性的影响，被视为多疑的。

项目领导具有三个基本的尺度：

□ 确定和管理利益关系人；
□ 管理项目生命周期；
□ 管理团队业绩（以及参与项目的所有的人的业绩）。

因此，项目管理是一个比第一线经理更复杂的角色。在一线经理的正常管理活动中，很少甚至根本不会受到这三个尺度中前两个的影响。反之，对一个项目领导人来说，它们是必不可少的条件。

在担任项目管理时，你经常会面对要求你成为一个超人的需要。你必须清楚项目在任何特殊的时间里所必需的技能，并根据你的计划和进度表，确保它们被有效地使用。你必须把跨越许多部门的工作界面编织成一个有序的工作系统；你必须打开门，拆除围墙。项目成功与否，取决于你控制项目进程、知道什么时间、什么地点发生什么事情，以及当问题出现时采取适当行动的能力。

7 管理项目

项目领导的模式

以行动为中心的领导是一种基本的领导模式。然而,在项目管理中,作为领导人,你的控制必须从两个方向扩展到这个模式上:

□内部定向的领导。它涉及到三个领域——完成任务、发展个人和建设团队。这三个领域都以一个特殊的结果为中心:项目。

项目领导人处于这样一个位置上:确保项目目标在规定的时间里,高透明度地在正确的方向上有所进展。

在这个过程中,你坚持不懈地监控:

——确定了进度的工作正在进行;

——限期内能准时完成;

——团队正在齐心协力地工作;

——所有的人都具有所需要的技能。

你总是在三个职能领域里前进:调整工作,确保团队拥有足够的资源,并对它的目标和责任有清晰的认识,帮助任何需要得到帮助的人。在这些活动进行的过程中,你要始终退后一步进行思考,并

如何更好地管理人

从中得出总的看法，看到将要计划的每一件事情。

如果你的活动被限制在这些领域里，项目进程就可能处在有效的控制之下，但是要记住：你正在一个被限制的情景中操作——项目过程的内部工作。

□外部定向的领导。你的管理技能需要扩展到团队之外的利益关系人那里。你必须在一个更大的分界面上——在项目和更广泛的组织环境中——行动。

这些利益关系人处在项目过程的外部边缘上，大多数人可能并不参与项目团队的活动。而他们可能直接或间接地影响项目进程，因而必须把他们带进你的操作控制范围里。

因此，你必须扩展自己的影响范围。所有利益关系人必须被带进操作领域中，你的努力必须成为外部定向的。

作为项目领导人，为了实现目标，你担负着管理和控制项目进程、团队、团队成员，以及所有利益关系人的全部角色。你必须持续地进行内外观察。你必须领导团队，并在利益关系人的更广泛的圈子里像一位大使那样行动。

7 管理项目

项目领导人一开始看上去很像管弦乐队的指挥与经验丰富的外交官两种职能的组合。为了使所有要素保持平衡,你需要拥有卓越的影响力和谈判技巧。

项目的生命周期

在项目的每一个阶段上,你都将遵循一个具有五个基本步骤的过程。这一过程适用于整个项目,同样,也适用于项目计划中的任何一个部分。

步骤一:定义目标和期限

你需要定义出整个项目和任务的目标。与此同时,确信团队理解这些东西的背景。你必须说明项目:提出它的限制和你可以影响的领域。为了确保每一个人在参与工作以前都能接受任务目标,你必须特别关心这一点。所有目标都应当具有清楚的期限、清楚定义的结果,以及清楚定义的利益。在这个步骤里,重要的是,你应当向大家证明自己对该

如何更**好**地管理人

项目的承诺和热情。

步骤二：准备计划和进度表

在具有了清晰明确的目标以后，制定计划的过程通常延续到下面两个阶段：

- □ 寻求事实；
- □ 做出决策。

如果你想继续构筑人们对项目的承诺，就必须让团队成员参与到这两个阶段中。

□ 寻求事实是一个收集信息的过程，它保证所有相关的数据都被收集到一起，以供制定计划时使用。为了生成所有可利用的相关数据，你就项目的任何特殊方面鼓励大家提出观点和建议，向团队成员、同事和其他人咨询。信息由历史经验、事实、意见和图例组成。所有的信息都必须经过筛选和过滤，以便提供真正有用的信息。

□ 做出决策指的是，对从寻求事实过程中采集来的可选择物和选项进行分析比较，为行动做出结论的过程。你将根据需要它的人和它如何被使用的具体情况，以不同的方式表达这些信息。如果计划无法实行，最谨慎的做法是为每一个可利用的行动保持一些选项。

步骤三：向团队和利益关系人通报

在明确了计划的所有活动以后，你必须告诉全部参与的人：

☐ 应当做什么；
☐ 什么时间做；
☐ 完成期限。

这一步骤对在团队和利益关系人中产生"主人翁意识"是至关重要的。你需要知道每一个人都清楚地了解他们的行动责任。当然，在一开始的时候，没有必要提供所有的详尽细节。一些细节可能是不适用的：工作计划中的许多东西在项目进程中将得到修正和发展。然而，每一个团队成员都必须清楚地了解自己的角色，以及他们应当如何与团队

如何更好地管理人

其他成员和利益关系人互相合作。

步骤四：监控进程，提供支持

你已经建立了保证工作能继续进行的氛围和环境。现在你必须确保在高层面得到激励，当问题发生时，适当地处理它们。这些问题可能是技术性的，行政管理的或资源方面的。你需要里里外外仔细地进行调查和了解。

走访工作对找出将要做什么以及你如何提供帮助很重要。这种看得见的领导方式能鼓励团队士气，它能表明管理者对他们的福利、利益和进步的关心。

步骤五：评估结果

评估不仅仅发生在项目竣工后。你还必须在项目的进程中进行评估。通过定期与团队和利益关系人的联系，你可以决定项目是否在既定的轨道上，决定它的结果是否达到了预期效果。你还可以知道你的计划是否有效、正确和全面。通过评估，你可以做出是否需要改变方向、修改计划的判断。

当项目最后竣工时,要进行全面的项目竣工评估。辨别出有价值的经验学习点和可供未来参考的记录。

这五个步骤可以被视为一个循环的过程。在实践中,行动循环周期是一个多重的循环周期,每一个都发生在进程的不同阶段上。任何时候都可能出现障碍:新的信息也许是不可利用的,寻求的事实也许一直是不充分的,交流也许在团队里和团队与利益关系人之间受到伤害。你也许发现目标已经被修改,因为一个或多个利益关系人在没有及时通知你的情况下"移动了球门柱"。由于团队提出了更好的观点,你的计划也许暴露出了某些缺陷,你必须决定是否修改进度表。事实上,在任何循环的任何阶段上,为了解决问题,绕过道路上的障碍,进程都可能需要重复。这是一个动态的过程,你应当对它保持控制,保证项目向前发展。这五个步骤是关键结果领域,作为项目领导人,你有责任和权限采取实现最终成功的行动。

如何更好地管理人

项目团队

作为项目领导人,你正在通过项目团队的工作获得结果。为了愉快地在整个项目过程中获得高业绩,你必须加强和指挥这个与众不同的团队。

你必须领导项目团队,你对他们的行动要保持最低的正式干预权力。在许多组织中,不同的部门具有各自不同的部门文化。作为部门保护自己的利益的手段,交叉的部门之间会出现障碍。你必须克服这些障碍,创造一个合作的氛围。

大多数项目团队是多职能的。你必须把来自不同地域、具有不同需要、背景、经验和技能的人组织到一起,组成一个团队。这些团队成员中许多人只能把他们的工作日或工作周中的一部分用于这个项目。成功的项目管理取决于你具备快速建设这样一支有效的团队,并使它保持良好业绩的能力。

缺乏一个明确的领导,你就根本不可能创造一个成功的项目团队。你必须理解你的团队必须克服的障碍和困难。这些障碍和困难可能包括下列:

7 管理项目

成功的项目团队的品质

最重要的品质包括：

☐ 对项目的承诺；
☐ 结果导向的态度；
☐ 创新和创造性思维；
☐ 欢迎变化；
☐ 关心质量；
☐ 预测趋势的能力；
☐ 高水平的参与、兴趣和精力；
☐ 快速解决冲突的能力；
☐ 良好的交流和反馈；
☐ 互相信任和自信；
☐ 对自我发展的兴趣；
☐ 有效的组织界面连接。

如何更好地管理人

- □ 不清晰的初始项目目标；
- □ 不充分的资源；
- □ 权力游戏和冲突；
- □ 缺乏高级管理层的支持和承诺；
- □ 低劣的工作安全；
- □ 经常变动的目的、目标和顺序。

采取避免这些问题的行动，是项目领导人的一个基本活动。原则上说，这意味着理解和操作整个项目管理过程——在问题发生以前对它们做出预测！

建设项目团队

显然，项目领导人在组成一个项目团队时必须面对许多问题。这些问题中许多是正常的和可预见的，但是即便如此，它们依然会妨碍团队建设和业绩。下列这些领域的问题具有代表性，值得我们予以特殊的注意：

- □ 角色混淆；
- □ 责任不清；

7 管理项目

- ☐ 权威渠道不明;
- ☐ 不公平的工作分配;
- ☐ 委派不清楚;
- ☐ 整个目标不清楚;
- ☐ 没有明确的利益关系人或加以管理;
- ☐ 对领导和其他团队成员不信任;
- ☐ 个人目标与项目无关;
- ☐ 缺乏对项目计划的承诺;
- ☐ 涣散的团队精神;
- ☐ 猜疑;
- ☐ 缺乏领导;
- ☐ 冲突和个性冲撞。

激发你的项目团队

下面是一些成功的方针:

☐ 让所有的人参与到制定计划的过程中。

> □ 确保他们完全理解自己在项目中的行动责任。
>
> □ 了解团队成员的技能、经验、期待和需要。
>
> □ 让他们参与到解决问题中,征求他们的意见和建议。
>
> □ 让每一个人及时、清楚、全面地了解进程,包括所有的利益关系人。
>
> □ 当需要时,帮助团队成员为他们的工作制定计划,安排优先顺序。
>
> □ 建立决策过程,寻求团队的一致同意。
>
> □ 通过会议定期回顾业绩,建立目标。
>
> □ 建立激励氛围,举行定期的团队短会。
>
> □ 解决冲突,适当地处理不公平。
>
> □ 庆祝成功,从失败中学习。

成功的项目团队绝不是一蹴而就的。它必须通过努力才能实现。你可以通过发展团队特点和寻求它的成员的兴趣来赢得团队的信任。通过对工作的专注,你可以赢得他们的尊重。项目不是最重要的事情,但是,它是第一位的事情。这意味着有的时候为了项目的利益,我们不得不做出不受欢迎的决定。让人们保持对项目的关注,对项目期限的关注,他们将会非常愿意与你一道工作。

结束语

许多经理期待为项目承担责任,但企业却很少甚至根本就没有为他们提供使他们掌握项目所要求的技能的专业培训,这种短视的做法可能导致灾难。项目管理应当作为一种核心管理能力得到重视。如果你感到自己对项目管理的技能水平不足以为你提供强烈的自信,那么,现在你就应当寻求额外的培训。